아이가 주인공인 책

아이는 스스로 생각하고 성장합니다.
아이를 존중하고 가능성을 믿을 때
새로운 문제들을 스스로 해결해 나갈 수 있습니다.

〈기적의 학습서〉는 아이가 주인공인 책입니다.
탄탄한 실력을 만드는 체계적인 학습법으로
아이의 공부 자신감을 높여줍니다.

가능성과 꿈을 응원해 주세요.
아이가 주인공인 분위기를 만들어 주고,
작은 노력과 땀방울에 큰 박수를 보내 주세요.
〈기적의 학습서〉가 자녀교육에 힘이 되겠습니다.

안녕, 우리는 <u>비법걸&비법보이</u>야.

디자이너 다츠쌤이 우리를 귀엽게 만들어 주셨고,
이름은 길벗스쿨 기적쌤이 지어주셨지.
아직 그렇게 유명하진 않은데...
너희들이 예뻐라 해 주면 우리도 빵 뜨지 않을까? ^^
우리는 이 책에서 초등 전 학년을 맡고 있지!
이 책으로 너희들이 독해를 잘하려면 우리가 하는 얘기를 잘 들어줘야 해.
우리가 전수하는 비법대로만 따라 하면 독해 그까짓 거 식은 죽 먹기라고~!
같이 해 보자~~!!

초등 문해력, **읽기**로 시작한다!

기본편

길벗스쿨

기 적 의 독해력 ⑪권 초등6학년 기본편

초판 1쇄 발행 2021년 3월 3일
개정 1쇄 발행 2024년 6월 1일

지은이 기적학습연구소
발행인 이종원
발행처 길벗스쿨
출판사 등록일 2006년 6월 16일
주소 서울시 마포구 월드컵로 10길 56(서교동 467-9)
대표 전화 02)332-0931 | **팩스** 02)323-0586
홈페이지 www.gilbutschool.co.kr | **이메일** gilbut@gilbut.co.kr

총괄 신경아(skalion@gilbut.co.kr) | **기획 편집** 박은숙, 유명희, 이은정, 이재숙
제작 이준호, 손일순, 이진혁 | **영업마케팅** 문세연, 박선경, 박다슬 | **웹마케팅** 박달님, 이재윤, 나혜연
영업관리 김명자, 정경화 | **독자지원** 윤정아

표지 디자인 디자인비따 | **본문 디자인** (주)더다츠 | **전산편집** 린 기획
표지 일러스트 이승정 | **본문 일러스트** 김영곤
CTP출력 및 인쇄 교보피앤비 | **제본** 신정문화사

ISBN 979-11-6406-695-7 64710
(길벗스쿨 도서번호 10928)
정가 12,000원

독자의 1초를 아껴주는 정성 길벗출판사

길벗스쿨 | 국어학습서, 수학학습서, 유아콘텐츠유닛, 어학학습서, 어린이교양서, 교과서, 길벗스쿨콘텐츠유닛
길벗 | IT실용서, IT/일반 수험서, IT전문서, 어학단행본, 어학수험서, 경제실용서, 취미실용서, 건강실용서, 자녀교육서
더퀘스트 | 인문교양서, 비즈니스서

『기적의 독해력』을 펼친 여러분께 우선 박수를 보냅니다.

이 책은 여러분의 독해력을 키우기 위해 만든 책이에요. '독해력'이 뭐냐고요? 읽을 독(讀), 이해할 해(解), 힘 력(力) 자를 써서, 글을 읽고 이해하는 능력(힘)을 말해요. 지금처럼 이 글을 읽고 무슨 뜻인지 알겠으면 독해가 되고 있다는 거고요. 이 글을 읽고는 있지만 도통 무슨 말인지 모르겠으면 독해가 잘 안되고 있다고 할 수 있죠.

우리는 살면서 많은 글을 읽어요. 그림책, 동화책, 교과서, 하다못해 과자 봉지에 있는 글까지. 그런데 이렇게 많은 글을 읽어도 이해하지 못한다면 얼마나 답답할까요? 글을 읽고 이해가 되어야 깨닫게 되고, 몰랐던 것을 알게 되고, 또 이어질 여러 가지 문제를 해결할 수도 있는데 말이죠.

그래서 '독해'는 모든 공부의 시작이고, '독해력'은 우리가 가져야 할 제일 중요한 능력 중의 하나이지요.

여러분이 펼친 『기적의 독해력』 시리즈는 여러분이 초등 공부를 시작할 때부터 완성할 때까지 함께할 비법서랍니다. 예비 초등학생을 위한 한 문장 독해부터 중학교 입학을 앞둔 6학년을 위한 복합적인 글 독해까지, 기본을 세우고 실력을 다질 수 있는 다양한 유형의 독해 글감과 핵심을 파고드는 문제들을 담고 있어요.

혹시 "글 속에 답이 있다!", "문제에 답이 있다!"라는 말을 들어 보았나요?
『기적의 독해력』 시리즈로 공부하면 여러분은 분명 그 해답을 쉽게 깨치게 됩니다.

잠깐, 쉽다고 대충 하지는 말아요! 글을 꼼꼼히 읽고 내가 잘 읽었는지 찬찬히 떠올리면서 문제까지 수월하게 해결해 나가는 게 가장 핵심이 되는 독해 비법이랍니다. 가끔 문제는 틀려도 돼요. 틀리면서 배우는 게 훨씬 많으니까요!
자, 머뭇거리지 말고 한번 시작해 보세요.

2021년 2월
기적학습연구소 국어팀 일동

독해력, 그것이 알고 싶다!

Q 독해력을 기르려면 무엇부터 해야 할까요?

A 다양한 글을 읽어야지요. 독해력은 하루아침에 길러지는 역량이 아닙니다. 하루에 한 편씩 짧은 글이라도 읽는 습관을 만들어 주는 것이 중요합니다. 또 자신이 읽은 글의 내용을 정리해 본다거나 한 문장으로 요약해 보는 습관을 기른다면 아주 효과적인 독해력 상승을 기대할 수 있습니다. 이 대목에서 '책 읽기'는 두말하면 입 아프겠지요? ^^;

Q 초등 입학 전에 독해 공부가 필요할까요?

A 초등학교에 입학해서 처음 보는 교과서는 기존에 봤던 그림책과는 구조와 수준이 달라서 급격하게 어려움을 느낄 수도 있습니다. 특히 문제 풀이에 어려움을 겪을 수 있으니 간단하고 짧은 글을 읽고, 내용을 이해했는지 가볍게 훑어보며 문제를 푸는 연습을 하면 초등 공부에 큰 도움이 될 것입니다.

Q 읽기는 하는데, 문제를 이해하지 못하는 것 같아요.

A 읽으면 바로 이해할 수 있는 쉬운 문제들도 있지만, 국어 개념이 바탕이 되어야 풀 수 있거나 보기를 읽고 두 번 세 번 확인해 봐야 답을 찾을 수 있는 독해 문제들도 많습니다. 문제를 이해하지 못한다는 것은 1차적으로는 그 문제를 출제한 의도를 파악하지 못하고 있다는 거고요. 그다음엔 어떻게 답을 찾아야 할지 방법을 모르고 있다는 것입니다. 독해도 일종의 기술이 필요한 공부거든요. 무턱대고 읽고 푼다고 해서 독해력이 생기는 것은 아닙니다. 글을 읽는 방법, 문제를 푸는 방법을 알고 있어야 보다 효과적으로 독해의 산을 넘을 수 있습니다.

Q 어휘력도 중요한 거 같은데, 어떻게 길러야 할까요?

A 어휘력은 독해력을 키우는 무기와 같습니다. 글을 잘 읽다가도 낯선 어휘에서 멈칫하거나 그 뜻을 파악하지 못해서 독해가 안되는 경우가 많거든요. 어휘력 역시 단번에 키우긴 어렵습니다. 그래서 독해 훈련을 통해 어휘력을 키우는 방법을 추천합니다. 글을 읽을 때 낯선 어휘를 만나면 문맥의 의미를 파악하는 연습을 꾸준히 하는 거죠. 그래도 모르는 낱말은 그냥 넘어가지 말고 국어사전을 찾아보는 습관을 들이세요.

Q 시중에 나와 있는 독해력 교재가 너무 많더라고요. 어떤 게 좋은 거죠?

A 단연 『기적의 독해력』을 꼽고 싶습니다만, 시중에 나와 있는 독해력 교재들이 모두 훌륭하더군요. 일단은 아이의 수준에 맞게 선택하는 게 가장 현명할 것입니다. 방법을 잘 몰라서 문제 풀이에 어려움을 겪는 친구들은 독해의 기본기를 다룬 쉬운 교재를, 어느 정도 독해가 가능한 친구들은 다양한 문제를 풀어 볼 수 있는 실전 교재를 선택해 보는 것이 좋습니다. (마침 『기적의 독해력』이 딱 그런 구성을 갖추고 있습니다.)

Q 『기적의 독해력』은 어떻게 바뀌었나요?

A 예비 초등(0학년)을 시작으로 6학년까지 학년별로 2권씩 구성되어 있습니다. 단계와 난이도가 종전보다 세분화되었는데요. 특히 독해 문제 풀이에 어려움을 겪는 친구들을 위해 독해 비법을 강화하여 독해의 기본기를 다진 후에 실전 문제로 실력을 완성시킬 수 있도록 구조화하였습니다.

기본편   실력편

기본편 은 독해의 시작이라 할 수 있는 기본서입니다. 학년별로 16가지의 독해 비법을 담고 있지요. 글의 종류에 따라 읽는 방법과 필수 유형 문제를 효과적으로 푸는 방법을 친절하게 안내하고 있어요.

실력편 은 독해의 완성이라 할 수 있는 실력서입니다. 교과 과정에 맞춘 실전 문제와 최상위 독해로 구성하여 앞서 배운 비법을 그대로 적용하면서 실력을 키울 수 있습니다.

Q 그럼 두 권을 같이 보나요?

A 독해 문제가 익숙하지 않은 친구는 기본편 으로 독해의 기초를 탄탄하게 쌓으면 되고요. 독해 문제가 익숙한 친구는 실력편 으로 단계를 올려서 실전에 대비하는 것도 필요합니다. 1학기는 기본편 으로, 2학기는 실력편 으로 촘촘하게 독해력을 키워 보는 것은 어떨까요?

Q 실력편 의 최상위 독해는 어떤 독해인가요?

A 최상위 독해는 복합 지문과 통합형 문제로 구성된 특별 코너입니다. 일반적인 독해가 단편적인 하나의 글을 읽고, 기본적인 문제를 풀어 가는 것이라면 실력편 5일 차에 수록된 복합 지문은 두 가지 이상의 글을 읽고 문제를 해결해야 하는 난이도가 높은 독해입니다. 같은 주제를 다루고 있는 두 편의 글이나 소재는 다르지만 종류는 같은 두 편의 글을 읽고, 통합 사고력 문제를 해결해야 해서 기존의 독해 문제보다는 조금 어려울 수 있습니다.
쉬운 글과 기본 문제만으로는 실력을 키우기 어렵지요. 자신의 수준보다 약간 어려운 문제도 해결하면서 실력을 월등하게 키워 나가길 바랍니다.

Q 『기적의 독서 논술』과는 어떤 차이가 있나요?

A 독해력이 모든 공부의 시작이라면, 독서 논술은 모든 공부의 완성이라 할 수 있습니다. 독해력이 단편적인 글을 읽고 이해하며 적용해 가는 훈련이라면, 독서 논술은 한 편의 긴 글을 읽고, 자신의 생각을 정리해서 표현해 보는 훈련 과정을 거치기 때문에 두 시리즈 모두 국어 실력 향상에는 꼭 필요한 교재랍니다. 한 학년에 독해력 2권, 독서 논술 2권이면 기본과 실력을 모두 갖추게 될 것입니다.

구성과 특징

01
하루 4쪽 DAY 학습

02
갈래별 독해 비법
- 이야기
- 시
- 정보가 담긴 글
- 의견이 담긴 글

03
3단계 독해 훈련
- 비법
- 적용
- 정리

1단계 독해 비법을 파악하라

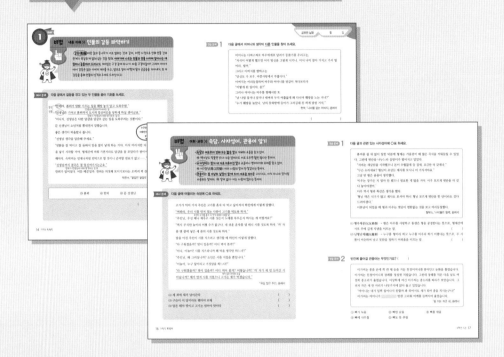

독해 비법

갈래별 4가지 독해 비법을 제시하였습니다.
'비법 걸'과 '비법 보이'의 설명에 따라 유형별 독해 비법을 꼭 확인하세요.

예시 문제

비법의 설명을 그대로 적용한 예시 문제를 풀어 보세요.
어떻게 풀어야 할지 감을 잡을 수 있어요.

연습 문제

비슷한 유형의 다른 문제를 풀면서 비법을 연습해 보세요.

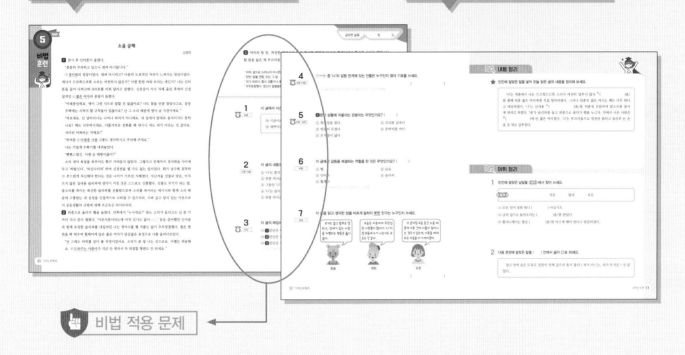

👆 비법 적용 문제

독 (讀): 이야기, 시, 정보가 담긴 글, 의견이 담긴 글이 지문으로 제시됩니다. 다양한 분야의 글을 읽으면서 생각을 정리하고, 내용을 유기적으로 연결하는 훈련을 해 봅시다.

해 (解): 글의 내용을 제대로 이해했다면 풀 수 있는 핵심적인 문제를 출제하였습니다. 앞서 배운 독해 비법(방패 표시)을 떠올리며 제시된 문제를 해결해 봅시다.

⭐ **낱말 미로**
앞에서 학습한 어휘를 확인할 수 있도록 재미있는 퀴즈로 구성하였습니다.

📑 **내용 정리**

글의 내용을 요약 정리합니다. 빈칸을 채우거나 알맞은 내용에 ○표 하며, 독해를 마무리합니다.

📖 **어휘 정리**

글에 나온 주요 어휘들을 문제로 정리합니다. 독해의 무기라 할 수 있는 어휘력도 빵빵하게 충전하세요.

초등 국어 독해 비법 96 | 커리큘럼 소개

『기적의 독해력』은 글의 종류를 문학(이야기, 시)과 비문학(정보가 담긴 글, 의견이 담긴 글)으로 나누고, 8가지 독해력 평가 원리를 바탕으로 글의 종류에 알맞은 독해 유형을 비법으로 제시하였습니다.

한 학년당 16가지 필수 독해 비법을 집중 훈련하고, 전 학년에 걸쳐 96가지 비법을 모두 터득하면 초등 공부에 필요한 독해력을 완성할 수 있습니다.

		1학년	2학년	3학년
이야기 창작 동화 전래 동화 명작 동화 생활문, 수필 극본	내용 이해	등장인물 파악하기	내용 이해 인물이 한 일 파악하기	내용 이해 가리키는 말의 내용 파악하기
	어휘·표현	시간(장소)을 나타내는 말 파악하기	짜임 일이 일어난 차례 파악하기	짜임 원인과 결과 파악하기
	추론	인물의 모습 짐작하기	추론 인물의 마음 짐작하기	추론 생략된 내용 짐작하기
	적용·창의	이어질 내용 상상하기	감상 인물에게 하고 싶은 말 떠올리기	감상 일어난 일에 대한 생각 떠올리기
시 동시 동요 현대시 시조	주제	무엇에 대한 시인지 파악하기	주제 중심 글감 파악하기	주제 말하는 이의 생각 파악하기
	어휘·표현	흉내 내는 말 파악하기	어휘·표현 반복되는 말 파악하기	추론 분위기 파악하기
	추론	시에 나타난 마음 짐작하기	감상 비슷한 경험 떠올리기	감상 인상 깊은 부분 떠올리기
	감상	장면 떠올리기	적용·창의 표현 바꾸어 쓰기	적용·창의 말하는 이의 생각 적용하기
정보가 담긴 글 설명문 안내문, 기행문 전기문, 기사문 견학 기록문 조사 보고서	주제	중심 낱말 파악하기	주제 제목 붙이기	주제 중심 문장과 뒷받침 문장 파악하기
	내용 이해	설명 대상의 특징 파악하기	내용 이해 알게 된 내용 정리하기	내용 이해 사실과 의견 구별하기
	짜임	주요 내용 정리하기	짜임 중요한 내용 정리하기	어휘·표현 낱말의 관계 파악하기
	추론	알맞은 낱말 짐작하기	추론 알맞은 내용 짐작하기	짜임 글의 내용 간추리기
의견이 담긴 글 논설문 연설문, 광고 편지, 토론 제안하는 글 부탁하는 글	주제	글쓴이의 생각 파악하기	주제 글을 쓴 까닭 파악하기	주제 주장 파악하기
	내용 이해	글의 내용 파악하기	내용 이해 생각을 뒷받침하는 내용 파악하기	내용 이해 문제 상황 파악하기
	비판	글쓴이의 생각 판단하기	어휘·표현 표현의 의미 파악하기	추론 문장의 의미 짐작하기
	적용·창의	글쓴이의 생각 적용하기	비판 글쓴이의 생각과 내 생각 비교하기	비판 근거의 적절성 평가하기

독해력
평가 8원리

1	2	3	4	5	6	7	8
주제	내용 이해	어휘·표현	짜임	추론	비판	감상	적용·창의

4학년	**5학년**	**6학년**
주제 주제 파악하기	주제 인물이 추구하는 가치 파악하기	내용 이해 인물의 갈등 파악하기
내용 이해 인물, 사건, 배경 파악하기	내용 이해 작품 이해하기	어휘·표현 속담, 사자성어, 관용어 알기
추론 인물의 성격 파악하기	추론 시대 상황 추론하기	짜임 이야기의 짜임 파악하기
적용·창의 인물의 생각 적용하기	감상 인물의 생각 평가하기	추론 배경이 사건에 미치는 영향 파악하기
어휘·표현 감각적 표현 파악하기	내용 이해 내용 파악하기	주제 주제 파악하기
짜임 시의 짜임 파악하기	어휘·표현 비유적 표현 파악하기	내용 이해 작품 이해하기
추론 문장의 의미 추론하기	추론 말하는 이에 대해 추론하기	추론 함축적 의미 파악하기
감상 생각이나 느낌 떠올리기	적용·창의 시 바꾸어 쓰기	적용·창의 작품 비교하기
주제 글의 중심 생각 파악하기	어휘·표현 다의어, 동형어 알기	내용 이해 글의 특징 파악하기
어휘·표현 헷갈리기 쉬운 낱말 구분하여 쓰기	짜임 설명 방법 파악하기	어휘·표현 호응 관계에 맞게 문장 쓰기
짜임 설명하는 글의 짜임 파악하기	추론 어울리는 자료 짐작하기	짜임 글의 짜임 파악하기
추론 뒷받침 문장 짐작하기	비판 글의 신뢰성 판단하기	적용·창의 자료 적용하기
주제 글의 제목 정하기	어휘·표현 적절한 표현으로 바꾸어 쓰기	주제 글쓴이의 관점 파악하기
짜임 주장하는 글의 짜임 파악하기	짜임 근거를 든 방법 파악하기	추론 글의 내용을 바탕으로 추론하기
추론 주장에 어울리는 근거 찾기	추론 짜임에 맞게 내용 예측하기	비판 글쓴이의 관점 비판하기
비판 뒷받침 문장의 적절성 평가하기	비판 내용의 타당성 판단하기	적용·창의 새로운 상황에 적용하기

차례

이야기

시

정보가 담긴 글

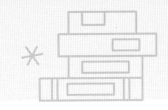

⭐ 의견이 담긴 글

출처

글

22쪽 「반가운 피야퐁 아저씨」 | 왕입분 | 2021

26쪽 「도화서의 용과 호랑이」 | 왕입분 | 2021

＊그 외 작품은 한국문학예술저작권협회, 한국문예학술저작권협회의 동의를 얻어 책에 실었습니다.

이미지

84쪽 「씨름」 | 김홍도 | 국립중앙박물관

＊위에 제시되지 않은 이미지는 사용료를 지불하고 셔터스톡 코리아에서 대여했음을 밝힙니다.

이야기

우리가 자주 읽는 전래 동화, 창작 동화, 수필 등은 모두 이야기예요. 이야기는 인물, 사건, 배경을 파악하며 읽어야 해요. 그리고 인물의 마음과 생각을 짐작해서 이야기의 주제도 파악해야 해요.

비법 내용 이해 >> 인물의 갈등 파악하기

갈등(葛藤)이란 칡과 등나무가 서로 얽히는 것과 같이, 어떤 사정으로 인해 인물 간의 관계가 복잡하게 얽혀 있는 것을 말해. 갈등은 **이야기에 나오는 인물과 인물 사이에 일어나는 대립이나 충돌에서 드러나지.** 재미있는 구경 중에 하나가 싸움 구경이잖아? 그래서 이야기에서 갈등은 읽는 이에게 재미를 주고, 앞으로 일이 어떻게 될지 궁금증을 자아내기도 해. 또 이 갈등을 통해 인물의 성격과 이야기의 주제도 드러난다고!

예시 문제 다음 글에서 갈등을 겪고 있는 두 인물을 골라 기호를 쓰세요.

등장
인물

"한뫼야, 봄뫼가 암탉 기르는 일을 훼방 놓지 말고 도와주렴."
　　　　　　　선생님이 한뫼에게 바라는 점

"선생님은 기어코 봄뫼까지 도시의 업신여김을 당하게 하실 셈이군요."
　　　　　　한뫼가 선생님에 대해 생각하는 점 ①

"아니지. 선생님은 다만 달걀을 달걀로 갚는 일을 도와주려는 것뿐이다."

문 선생님이 소년처럼 뽐내면서 말했습니다.

좋은 생각이 떠올랐나 봅니다.

누구와 누구의
대화인지 파악해
보자.

"선생님 생각을 말씀해 주세요."

"암탉을 잘 먹이고 잘 돌봐서 알을 많이 낳게 하는 거야. 아직 어리지만 다 자라면 곧 알을 낳기 시작할 거야. 형제간에 싸워 가면서라도 달걀을 잘 모았다가 팔아서 여비를 마련해야지. 숙박비는 언제나처럼 민박으로 할 것이니 준비할 필요가 없고……."

"선생님까지 결국은 절 업신여기시는군요."
　　한뫼가 선생님에 대해 생각하는 점 ②

한뫼가 일어섰다. 어둠 때문일까. 한뫼는 의젓해 보이기보다는 오히려 퍽 쓸쓸해 보였다.

박완서, 「달걀은 달걀로 갚으렴」 중에서

㉮ 봄뫼	㉯ 한뫼	㉰ 문 선생님

(　　　　　　　　)

연습 문제 1   다음 글에서 어머니와 생각이 <u>다른</u> 인물을 찾아 쓰세요.

> 어머니는 다짜고짜로 바우에게로 달려가 등줄기를 우리고는,
>
> "자식이 어떻게 했으면 어미 망신을 그렇게 시키니. 어서 나비 잡아 가지고 가서 빌어라, 빌어."
>
> 그리고 아버지를 향하고는
>
> "당신도 가 보우. 바깥사랑에서 부릅디다."
>
> 아버지는 어리둥절하여 바우와 어머니를 번갈아 쳐다보다가
>
> "어떻게 된 일이야, 응?"
>
> 그러나 어머니는 바우를 향해서만 또
>
> "남 나빌 잡거나 말거나 내버려 두지 어쭙잖게 왜 다니며 훼방을 노는 거냐?"
>
> "누가 훼방을 놓았나. 남의 참외밭에 들어가 그러길래 못 하게 말린 거지."
>
> 현덕, 「나비를 잡는 아버지」 중에서

(   )

연습 문제 2   다음 글에서 길동과 홍 판서가 갈등을 겪고 있는 까닭은 무엇인지 ○표 하세요.

> 길동이 인사를 하고 말씀드리기를,
>
> "제가 대감님의 아들로 태어났고, 낳아서 길러 주신 부모님의 은혜를 입었음에도 불구하고, 아버지를 아버지라 못 부르고, 형을 형이라 못 부르니 어찌 서럽지 않겠습니까?"
>
> 하고 눈물을 흘렸다. 홍 판서가 이 말을 듣고 길동이 불쌍하게 여겨졌으나, 그 마음을 위로해 주면 버릇이 없어질까 걱정이 되어 오히려 크게 꾸짖으며 말했다.
>
> "양반 집안에 천한 종의 몸에서 태어난 자식이 너뿐이 아닌데, 너는 어찌 이렇게 버릇이 없단 말이냐? 앞으로 이런 말을 하면 내 눈앞에 서지도 못하게 하겠다."
>
> 허균, 「홍길동전」 중에서

(1) 길동이 공부를 게을리했기 때문이다.   (   )

(2) 길동이 천한 종의 몸에서 태어났기 때문이다.   (   )

(3) 홍 판서가 길동을 불쌍하게 여기지 않기 때문이다.   (   )

비법 어휘·표현 >> 속담, 사자성어, 관용어 알기

- **속담**은 예로부터 전해 오는 **짧은 말**로 지혜와 교훈을 담고 있어.
  - 예 백지장도 맞들면 낫다: 쉬운 일이라도 서로 도우면 훨씬 쉽다는 뜻이야.
- **사자성어**는 네 자의 **한자로 이루어진 말**로 교훈이나 옛이야기의 유래를 담고 있어.
  - 예 이구동성(異口同聲): 여러 사람의 말이 한결같다는 뜻이지.
- **관용어**는 **둘 이상의 낱말이 함께 쓰여 새로운 의미**를 나타내고, 마치 하나의 말처럼 사용되는 말이야. 예 발이 넓다: 아는 사람이 많다는 뜻이야.

예시 문제 다음 글에 어울리는 속담에 ○표 하세요.

고기가 익어 가자 주인은 고기를 혼자 다 먹고 싶어져서 하인에게 이렇게 말했다.

"여봐라, 우리 시를 먼저 짓는 사람이 고기를 먹도록 하자."
<u>주인이 고기를 혼자 다 먹기 위해서 꾀를 냄.</u>

"주인님, 우선 배나 채우고 시를 짓든지 노래를 부르든지 하시는 게 어떨까요?"

"역시 무식한 놈이라 어쩔 수가 없구나. 내 쉬운 운자를 낼 테니 시를 짓도록 하자. '까' 자를 맨 끝에 넣은 세 줄의 시를 짓도록 하자."

말을 마친 주인이 시를 지으려고 생각할 때 하인이 이렇게 말했다.

"다 구워졌을까? 맛이 있을까? 어디 먹어 볼까?"

"아니, 이놈아! 시를 지으라니까 왜 먹을 생각만 하느냐?"

"주인님, 왜 그러십니까? 소인은 시를 지었을 뿐입니다."

"이놈이, 누구 앞이라고 거짓말을 하느냐?"

"<u>다 구워졌을까? 맛이 있을까? 어디 먹어 볼까? 어떻습니까? '까' 자가 세 번 들어간 시</u>
<u>재치 있는 하인의 모습</u>
<u>아닙니까? 제가 먼저 시를 지었으니 고기는 제가 먹겠습니다.</u>"

「욕심 많은 주인」 중에서

(1) 제 꾀에 제가 넘어간다 ( )

(2) 구슬이 서 말이라도 꿰어야 보배 ( )

(3) 말은 해야 맛이고 고기는 씹어야 맛이다 ( )

다음 글과 관련 있는 사자성어에 ○표 하세요.

> 봄여름 쉴 새 없이 일한 덕분에 형제는 가을걷이 때 많은 곡식을 거둬들일 수 있었다. 그런데 볏단을 나누느라 실랑이가 벌어지고 말았다.
> "자네는 새살림을 시작했으니 돈이 수월찮게 들 걸세. 조금만 더 갖게나."
> "무슨 소리세요? 형님이 조상들 제사를 모시니 더 가지셔야죠."
> 그날 밤 형은 곰곰이 생각했다.
> '아우는 장가든 지 얼마 안 됐으니 필요한 게 많을 거야. 아우 모르게 볏단을 더 갖다 놓아야겠어.'
> 아우 역시 형과 똑같은 생각을 했다.
> '형님 댁은 식구가 많고 제사도 모셔야 하니 형님 모르게 볏단을 한 단이라도 더 갖다 드려야겠다.'
> 이튿날이 되었을 때 형과 아우는 볏단이 변함없는 것을 보고 어리둥절했다.
>
> 탈무드, 「사이좋은 형제」 중에서

⑴ 형우제공(兄友弟恭) → 형은 아우를 사랑하고 동생은 형을 공경한다는 뜻으로, 형제간에 서로 우애 깊게 지냄을 이르는 말.　　　　　　　　　　　　　　(　　)

⑵ 난형난제(難兄難弟) → 누구를 형이라 하고 누구를 아우라 하기 어렵다는 뜻으로, 두 사물이 비슷하여 낫고 못함을 정하기 어려움을 이르는 말.　　　　　　(　　)

빈칸에 들어갈 관용어는 무엇인가요? (　　　)

> 아가씨는 종을 손에 꼭 쥔 채 숨을 거둔 친정어머니를 끌어안고 눈물을 흘렸습니다. 아가씨는 친정어머니의 장례를 정성껏 치렀습니다. 그런데 장례를 치른 다음 날도 여전히 종소리가 울렸습니다. 이상하게 여긴 아가씨는 종소리를 따라가 보았습니다. 그러자 작은 새 한 마리가 나뭇가지에 앉아 울고 있었습니다.
> "어머니는 내가 일찍 일어나지 못할까 봐 죽어서도 새가 되어 종을 치시는구나!"
> 아가씨는 어머니가 　　　　　 만큼 그리워 어깨를 들썩이며 울었습니다.
>
> 「종 치는 작은 새」 중에서

① 뼈가 녹을　　　　　② 뼈만 남을　　　　　③ 뼈를 깎을

④ 뼈에 사무칠　　　　⑤ 뼈도 못 추릴

비법 짜임 >> 이야기의 짜임 파악하기

▶ 발단
사건이
시작되는 부분

▶ 전개
사건이
본격적으로 발생하고
갈등이 일어나는 부분

▶ 절정
사건 속에서
인물 사이의 갈등이
커지면서 긴장감이
가장 높아지는 부분

▶ 결말
사건이 해결되고
이야기가 끝나는 부분

예시 문제 다음 **1**~**5** 중에서 '전개'에 해당하는 글의 번호를 쓰세요.

1 옛날 어떤 고을에 심술궂은 군수가 부임해 왔다. 군수는 고을에서 똑똑한 사람들을 모두 불러들이라고 하였다. 군수는 똑똑한 사람의 지혜를 모아 마을을 손아귀에 쥐고 백성이 자기 말을 잘 따르도록 만들 속셈이었다. → 사건이 시작됨.

2 그런데 나졸들이 데려온 사람은 어린아이였다. 군수는 코흘리개를 뭐 하러 데려왔냐며 화를 내었다. 나졸들은 어린아이지만 지혜가 어른보다 낫다고 하였다. 그러자 군수는 내기를 해서 아이가 지면 나졸들의 목을 베어 버릴 것이라고 하였다. → 갈등이 일어남.

3 어린아이는 내기에서 지면 자신의 목까지 베어도 좋다며 군수의 약을 올렸다. 그러자 군수는 밧줄로 병풍 속에 있는 호랑이의 목을 매어 끌어내라고 호령했다. → 갈등이 깊어짐.

말도 안 되는 명령에 나졸들은 숨소리도 내지 못하고 벌벌 떨었다. 군수는 아무리 똑똑하다 해도 병풍 속 호랑이를 끌어낼 수는 없을 거라 생각하였다. 아이는 자신이 대문 밖에 있을 테니 군수님께서 몽둥이로 호랑이 엉덩이를 쳐서 몰아 달라고 했다. 그러면 자신이 밧줄로 목을 매어 끌고 가겠다고 하였다. → 긴장감이 가장 높아짐.

4 그러자 군수는 그림 속 호랑이가 몽둥이로 친들 뛰어나오겠냐며 비웃었다. 그러자 아이는 깔깔 웃으며 그렇다면 그림 속 호랑이를 어찌 밧줄로 매어 끌어낼 수 있겠냐며 군수에게 되물었다. 그러자 군수는 아무 말도 못 하였다. → 사건이 해결됨.

「병풍 속의 호랑이」

(   )

연습 문제 **1** 다음 글은 이야기의 짜임 중 무엇에 해당하나요? (   )

> 어느 나라의 왕자님이 결혼을 앞두고 있었다. 온 나라가 떠들썩하니 잔치 분위기였다. 왕자가 꼬박 일 년 동안 기다려 온 신부가 마침내 도착한 것이다. 왕자의 신붓감은 러시아 공주였는데, 핀란드로부터 그 먼 길을 여섯 마리의 사슴이 끄는 썰매를 타고 왔다. 썰매는 황금색으로 커다란 백조 모양을 본떠 만들었는데, 공주는 백조의 두 날개 사이에 앉아 있었다. 공주는 발까지 내려오는 긴 밍크코트를 입고 있었고, 머리에는 얇은 은색 천으로 만든 모자를 쓰고 있었다.
>
> 오스카 와일드, 「저밖에 모르던 로켓 폭죽」 중에서

① 사건이 해결되는 발단에 해당한다.
② 사건이 시작되는 발단에 해당한다.
③ 이야기가 끝나는 결말에 해당한다.
④ 인물 사이의 갈등이 커지는 절정에 해당한다.
⑤ 사건이 본격적으로 발생하는 전개에 해당한다.

연습 문제 **2** 다음 글은 이야기의 짜임 중 무엇에 해당하는지 쓰세요.

> "작은아버지." / 하고 문기는 입을 열었다. 그리고
> "저는 마땅히 받아야 할 벌을 받은 거예요."
> 하고 문기는 눈을 감으며 한마디 한마디 그러나 똑똑하게 처음서부터 끝까지 먼저 고깃간 주인이 일 원을 십 원으로 알고 거슬러 준 것, 그 돈을 써 버린 것, 그리고 또 붙장 안의 돈을 자기가 훔쳐 낸 것, 이렇게 하나하나 숨김없이 자백을 하자 이때까지 겹겹으로 몸을 싸고 있던 허물이 한 꺼풀 한 꺼풀 벗어지면서 마음속의 어둠도 차차 사라져 가며 맑아지는 것을, 문기는 확실히 깨달을 수 있었다. 마음이 맑아지며 따라 몸도 가뜬해진다. 내일도 해는 뜨고 하늘은 맑아지리라. 그리고 문기는 그 하늘을 떳떳이 마음껏 쳐다볼 수 있을 것이다.
>
> 현덕, 「하늘은 맑건만」 중에서
>
> *붙장: 부엌 벽의 안쪽이나 바깥쪽에 붙여 만든 장.

(   )

비법 추론 >> 배경이 사건에 미치는 영향 파악하기

이야기에서 (시간적 배경)은 이야기가 일어난 때를 나타내고,
(공간적 배경)은 이야기가 일어난 장소를 나타내.
이야기의 배경은 사건에 적절한 분위기를 만들어 주고, 인물의 행동을 생생하게 느낄 수
있도록 도와줘. 언제, 어디에서 일어난 것인지에 따라 사건에 여러 가지 영향을 미치지.

예시 문제 다음 글에서 배경이 사건에 미치는 영향으로 알맞은 것의 기호를 쓰세요.

"아니에요, 왕자님. 전 이제 왕자님 곁을 떠나지 않을 거예요. 왕자님은 앞을 볼 수가 없
잖아요. 언제까지나 여기 남아 왕자님을 모시겠어요."

그날 밤, 제비는 왕자의 발밑에서 잠을 잤습니다. 다음 날, 제비는 도시 구석구석을 날아
다니며 많은 일을 보았습니다. 그러고는 자기가 본 것들을 그대로 왕자에게 이야기해 주었
습니다. 제비의 이야기를 들은 왕자가 말했습니다.
　　　　　　　　　　　　　　　　　　　　　　　　공간적 배경

"세상에는 불쌍한 사람들이 참 많구나. 제비야, 내 몸은 금으로 덮여 있으니, 금을 한 조
각씩 떼어다가 불쌍한 사람들에게 나누어 주도록 해라."

제비는 왕자의 몸에서 금을 한 조각씩 떼어, 가난하고 불쌍한 사람들에게 전부 나누어 주
었습니다. 왕자의 몸은 그야말로 초라한 모습으로 변해 버렸습니다. 추위가 점점 심해지자,
　　　　　　　　　　　　　　　　　　　　　　시간(계절)적 배경을 알 수 있는 부분
제비는 추워서 견딜 수가 없었습니다. 제비는 있는 힘을 다하여 왕자의 어깨 위로 올라갔습
니다. 그러고는 왕자의 입에 뽀뽀를 하고 발밑으로 뚝 떨어져 죽었습니다.

오스카 와일드, 「행복한 왕자」 중에서

㉮ 추운 날씨라는 시간적 배경 때문에 제비가 죽었다.
㉯ 도시라는 공간적 배경 때문에 왕자의 모습이 초라해졌다.
㉰ 궁전이라는 공간적 배경 때문에 왕자와 제비가 친구가 될 수 없었다.

(　　　　　　　)

다음 글에서 '내'가 자전거를 배우게 된 배경으로 알맞지 <u>않은</u> 것에 ×표 하세요.

> 초등학교 6학년 겨울, 추첨으로 중학교를 배정받고 보니 읍내에 둘 있는 중학교 중 공립이었고 아버지와 형이 졸업한 전통 있는 학교였다. 문제는 초등학교 때처럼 걸어서 다니기는 힘든 거리라는 점이었다. 버스가 다니지 않았고 자가용은 물론 없었다.
> 내 고향은 분지여서 산으로 둘러싸인 읍내는 평탄했고 집집마다 자전거가 없는 집이 없었다. 〈중략〉 나는 그런 아이들이 부럽기도 하고 경망스러워 보이기도 해서 운동 신경이 둔하다는 핑계로 자전거를 탈 생각을 하지 않고 있었다. 그러나 이젠 선택의 여지가 없었다.
>
> 성석제, 「어느 날 자전거가 내 삶 속으로 들어왔다」 중에서

(1) 버스가 다니지 않는 동네   (   )
(2) 산으로 둘러싸인 평탄한 읍내   (   )
(3) 집과 거리가 먼 읍내에 있는 중학교   (   )

연습 문제 2 **다음 글에서 전쟁이라는 배경 때문에 일어난 일은 무엇인지 기호를 쓰세요.**

> "진수야!" / "예."
> "니, 우짜다가 그래 됐노?"
> "전쟁하다가 이래 안 됐심니꼬? 수류탄 쪼가리에 맞았심더."
> "수류탄 쪼가리에?"
> "예." / "음……."
> "얼른 낫지 않고 막 썩어 들어가기 땜에 군의관이 짤라 버립띠더, 병원에서예."
> 〈중략〉
> "차라리 아부지같이 팔이 하나 없는 편이 낫겠어예. 다리가 없어 노니, 첫째 걸어 댕기기가 불편해서 똑 죽겠심더."
>
> 하근찬, 「수난이대」 중에서

> ㉮ 진수가 군의관이 되었다.   ㉯ 진수가 다리를 잃어버렸다.
> ㉰ 진수와 아버지가 헤어지게 되었다.   ㉱ 진수의 아버지가 다리를 잃어버렸다.

(   )

반가운 피야퐁 아저씨

〈앞 이야기〉

한 달 전, 은호네 농장에 피야퐁이라는 태국 아저씨가 일꾼으로 왔다. 아저씨는 누구보다 성실했지만 한국어가 서툴렀다. 아빠는 그런 아저씨가 안타까워 늘 은호에게 도와주라고 하셨다.

『"은호야, 피야퐁 아저씨가 마트에 갈 일이 있나 보다. 네가 함께 가 줘."

"에이, 한참 재미있었는데……. 아저씨 때문에 이게 뭐람! 조금만 더 하면 끝을 볼 수 있었는데……. 중간에 나갔다고 애들이 욕하고 있을 거야."

아빠의 말을 듣고 은호는 마지못해 피야퐁 아저씨를 따라나섰다. 친구들이랑 함께 하던 게임을 중간에 껐으니 불평불만을 늘어놓는 것도 어쩌면 당연했다.

㉮ "우노, 마트, 이거! 우노! 이거, 이거!"

마트에서 살 인형 사진을 보여 주려는데 은호가 본체만체하자 아저씨도 화가 나는지 목소리에 점점 힘이 들어갔다.

"우노가 아니라 은호라고요! 도대체 몇 번을 가르쳐 줘요? 말을 모르면 오질 말든가! 왜 한국에 와서 나를 이렇게 귀찮게 하냐고요!"

은호는 아저씨가 한심하게 느껴져서 마트에 도착할 때까지 하고 싶은 대로 아무 말이나 마구 지껄여 댔다. 어차피 못 알아들을 테니 그거 하나는 편했다. 그런데 마트의 문이 닫혀 있었다.

'아, 맞다! 둘째 주 일요일엔 마트가 쉬지.'

은호는 잘됐다는 듯 미소를 짓더니 아저씨한테 손짓을 해 가며 상냥한 목소리로 이렇게 말했다.

"아저씨, 마트 문 닫았어! 이거 못 사! 집으로 다시 고(go)!"

"안 대, 안 대! 이거 중유해. 빠리빠리!"

아저씨는 고개를 저으며 격양된 목소리로 말했다. 열흘 후면 태국에 있는 딸의 생일이기 때문에 오늘 꼭 생일 선물을 사서 딸에게 보내고 싶었던 모양이었다.

"아으, 미치겠네, 정말! ㉠가는 날이 장날이라더니, 왜 하필 오늘 문을 닫아 가지고!"

은호는 괴로운 듯 몸을 뒤틀어 대다가 결심한 듯 냅다 소리를 질렀다.

"나도 못 해! 안 할 거야! 말이 안 통하는 건 아저씬데, 왜 맨날 내가 피해를 보냐고!"

은호는 아저씨를 외면한 채 씩씩거리며 집으로 향했다. 그러면 아저씨가 알아서 냉큼 따라올 거라고 생각했던 것이다. 그런데 한참이 지났는데도 뒤에서 인기척이 느껴지지 않았다. 은호가 뒤를 돌아봤을 때, 아저씨는 보이지 않았다. 이대로 아저씨를 못 찾는다면 정말 낭패가 아닐 수 없었다.』

> 〈뒷이야기〉
>
> 　은호는 여기저기 돌아다니며 아저씨를 찾았지만 아저씨는 어디에도 보이지 않았다. 다급해진 은호는 아빠에게 이 사실을 알렸고 아빠는 실종 신고를 했다. 그날 밤, 피야퐁 아저씨는 옆 마을에서 경찰들에게 발견되어 은호네 농장으로 돌아왔다. 미안한 마음에 은호는 피야퐁 아저씨에게 사과를 했다. 아저씨는 작은 인형이 들어 있는 상자를 손에 꼭 쥐고 있었다.

＊끝을 보다: 일을 끝맺다.
＊격양된: 기운이나 감정 따위가 세차게 일어나게 된.
＊낭패: 계획한 일이 실패로 돌아가거나 기대에 어긋나 매우 딱하게 됨.

1
 짜임

『　』부분은 이야기의 짜임 중 무엇에 해당하나요? (　　　　　)

① 인물 사이에 갈등이 일어났으므로 결말에 해당한다.
② 인물 사이에 갈등이 일어났으므로 전개에 해당한다.
③ 인물 사이에 일어난 갈등이 해결되었으므로 발단에 해당한다.
④ 인물 사이에 일어난 갈등이 해결되었으므로 결말에 해당한다.
⑤ 인물 사이에 일어난 갈등이 최고조에 이르렀으므로 결말에 해당한다.

☆ 이 글의 내용이 이야기의 짜임 중 어디에 해당하는지 잘 살펴봐.

2
내용 이해

이 글에서 은호와 갈등을 겪고 있는 인물은 누구인지 쓰세요.

(　　　　　　　　　　　　　　)

3
어휘·표현

㉠의 뜻을 바르게 풀이한 것에 ○표 하세요.

(1) 뜻밖에 일이 잘 들어맞음.　　　　　　　　　　　　　　　(　　)
(2) 항상 원하는 대로 일이 이루어짐.　　　　　　　　　　　　(　　)
(3) 어떤 일을 하려고 하는데 뜻하지 않은 일을 공교롭게 당함.　(　　)

4

내용 이해

피야퐁 아저씨가 선물을 꼭 사야 했던 이유는 무엇이었는지 쓰세요.

_____

_____

5

추론

이 글의 배경이 사건에 미친 영향으로 알맞은 것을 두 가지 고르세요. (　　　　　)

① 한국이었기 때문에 은호가 매번 피해를 보았다.

② 둘째 주 일요일이었기 때문에 마트가 문을 닫았다.

③ 한국이었기 때문에 피야퐁 아저씨가 마트에 혼자 갈 수 있었다.

④ 둘째 주 일요일이었기 때문에 은호가 휴대 전화 게임을 할 수 있었다.

⑤ 한국이었기 때문에 말이 서툰 피야퐁 아저씨를 은호가 도와주었어야 했다.

6

감상

등장인물에 대한 생각이나 느낌을 바르게 말한 친구는 누구인지 쓰세요.

> 은채: 은호가 어리다고 얕봐서는 안 된다고 생각해.
>
> 민정: 우리말이 서툰 피야퐁 아저씨를 배려하는 마음을 가져야 해.
>
> 선미: 외국인 노동자들이 우리나라 사람들의 일자리를 뺏지 않았으면 좋겠어.

(　　　　　　　　　　)

7

적용·창의

다음은 ㉮ 부분을 희곡으로 바꾸어 쓴 것입니다. 빈칸에 들어갈 지문의 내용으로 알맞은 것은 무엇인가요? (　　　　)

> 피야퐁 아저씨: (목소리에 점점 힘을 주며) 우노, 마트, 이거! 우노! 이거, 이거!
>
> 은호: (　　　　　　　　　　　　　　　) 우노가 아니라 은호라고요! 도대체 몇 번을 가르쳐
>
> 줘요? 말을 모르면 오질 말든가! 왜 한국에 와서 나를 이렇게 귀찮게 하냐고요!

① 주위를 두리번거리며　　　　　　② 고개를 끄덕이며 밝은 목소리로

③ 고개를 숙이고 발을 동동 구르며　　④ 눈을 크게 뜨고 몹시 화난 목소리로

⑤ 피야퐁 아저씨를 부러운 눈으로 쳐다보며

📖 내용 정리

⭐ 빈칸에 알맞은 말을 쓰거나 ◯표를 하여 오늘 읽은 글의 내용을 정리해 보세요.

> 은호는 하던 게임을 멈추고 피야퐁 아저씨와 ❶(   )에 갔다. 마트 문이 닫혀 있는 것을 보고 은호가 ❷(   )(으)로 돌아가자고 했으나 딸의 ❸(생일, 입학) 선물을 꼭 사서 보내 주고 싶었던 피야퐁 아저씨는 안 된다고 했다. 은호는 아저씨를 외면한 채 집으로 향했으나 아저씨는 따라오지 않았다.

📖 어휘 정리

1 빈칸에 들어갈 알맞은 낱말에 ◯표 하세요.

(1) 무리하게 투자를 하면 　　　　　를 볼 수 있다.

(승패, 성패, 낭패)

(2) 심하게 다툰 두 친구는 서로를 　　　　　 채 지나갔다.

(근면한, 외면한, 수면한)

(3) 두 토론자는 의견 차이를 좁히지 못해 　　　　　 목소리로 언성을 높였다.

(격양된, 격리된, 걱정된)

2 다음 문장에 알맞은 말을 (   ) 안에서 골라 ◯표 하세요.

> 나는 일단 시작한 일은 (끝을 보는, 손을 놓는) 성격이라 쉽게 포기하지 않는다.

*도화서의 용과 호랑이

〈앞 이야기〉

조선 중기 무렵, 도화서에는 발랄한 화풍으로 젊은 용이라 불리는 박준기와 깊이 있고 노련한 화풍으로 늙은 호랑이라 불리는 조충묵이란 화원이 있었다. 왕이 이례적으로 둘 다에게 주관화사를 맡으라고 하였는데, 둘은 어진을 그리며 사사건건 부딪쳤다. 결국 도화서 화원들이 뽑은 사람이 어진을 그리는 것을 주도하고 다른 한 사람은 그의 지시를 따르기로 하였다.

"이보게, 준기! 어진화사로 뽑힌 것만으로도 ㉠가문의 영광 아닌가? 어차피 이 일은 도화서의 터줏대감인 내가 주도하게 될 터이니 괜한 힘 빼지 말고 여기서 그냥 돌아가시게."

"하하! 무슨 말씀을요. 폐하께서 친히 저를 주관화사로 지목하셨는데 어찌 해 보지도 않고 물러설 수 있겠습니까? 그것은 ㉡어명을 ㉢거역하는 것이나 다름없지요."

박준기는 늘 그렇듯 한 치의 양보도 하지 않았다. 용안을 그리는 일인 만큼, 도화서 화원들에게 자신의 실력을 인정받고 싶었던 것이다. 조충묵은 그런 박준기의 태도에 화가 치밀었지만 중요한 일을 앞두고 있는 만큼 꾹 눌러 참았다. 둘은 ㉣초조한 마음으로 각자 자신이 그린 족자를 들고 도화서 화원들 앞에 나란히 섰다. 두 사람이 들고 있는 족자에는 용안이 그려져 있었다. 조충묵이 못마땅한 듯 먼저 말하였다.

"얼마나 잘 그렸기에 그토록 잘난 척을 하는 겐지 자네 솜씨부터 좀 봄세."

"왜, 제가 너무 잘 그렸을까 봐 걱정되십니까? 그런 게 아니라면 같이 공개하시지요."

"위아래도 모르고 본데없이 구는 건 변함이 없군. 자네 뜻이 정 그렇담 그리 하지."

도화서 안에 팽팽한 긴장감이 흐르는 가운데 둘은 동시에 족자를 펼쳤다.

'아니, 이럴 수가! 눈에 정기가 가득 차 있어 위풍당당한 ㉤군주로서의 위엄이 가득하지 않은가? 내가 평생토록 풀지 못한 숙제를 어떻게 새파랗게 젊은 박준기 저 자가…….'

'헉! 오똑 서 있는 콧날 하며, 한 올 한 올 공들인 수염까지……. 변덕스럽고 깐깐한 폐하의 성정이 그대로 엿보여! 내가 표현하고 싶었던 게 바로 이건데…….'

박준기와 조충묵은 서로의 그림을 보고 할 말을 잃었다. 혼자 그릴 때 해결하지 못한 부분에 대한 해법을 상대방의 그림에서 찾을 수 있었기 때문이다.

---

*도화서: 조선 시대에, 그림에 관한 일을 맡아보던 관아.
*이례적: 보통의 경우에서 벗어나 특이한 것.
*주관화사: 왕의 초상화, 즉 어진을 그리는 어진화사들 중 용안(임금의 얼굴)을 맡은 사람.

1

짜임

이 글은 이야기의 짜임 중 무엇에 해당하는지 쓰세요.

인물 사이에 일어난 갈등이 최고조에 달하였으므로 (   )에 해당한다.

2

내용 이해

이 글에서 갈등을 겪고 있는 인물은 누구누구인지 쓰세요.

(   )

☆ 이 글에서 대립하고 있는 두 인물의 이름을 찾아봐.

3

내용 이해

박준기에 관한 설명으로 맞으면 ○표, 틀리면 ×표 하세요.

(1) 조선 중기 무렵의 화원이다.   (   )

(2) 도화서의 늙은 호랑이라 불린다.   (   )

(3) 왕의 얼굴을 그리는 주관화사로 뽑혔다.   (   )

(4) 깊이 있고 노련한 화풍으로 그림을 그린다.   (   )

4

어휘·표현

㉠~㉤과 바꾸어 쓸 수 있는 말로 알맞지 <u>않은</u> 것은 무엇인가요? (   )

① ㉠: 집안   ② ㉡: 왕명   ③ ㉢: 복종

④ ㉣: 조마조마한   ⑤ ㉤: 왕

이 글의 시간적 배경이 사건에 미친 영향으로 알맞은 것의 기호를 쓰세요.

> ㉮ 조선 시대에는 화가들끼리 선의의 경쟁을 할 수 없었다.
>
> ㉯ 조선 시대에는 무조건 그 집단에서 나이가 가장 많은 사람의 명령에 복종해야 했다.
>
> ㉰ 조선 시대에는 왕의 얼굴을 그리는 일이 도화서의 화가로서 할 수 있는 최고의 일
> 이었다.

(   )

6

감상

이 글에 대한 생각이나 느낌을 바르게 말한 친구는 누구인지 쓰세요.

어느 분야나 완벽한 사람은 없는 것 같아. 그래서 늘 겸손한 자세로 다른 사람들을 대해야 해.

한슬

나이가 어리다는 이유로 경쟁에서 진 박준기는 얼마나 속상했을까? 경쟁에서 지는 건 너무 싫어.

도훈

조선 시대의 왕은 참 힘들 없을 것 같아. 자신의 명령에 복종하지 않는 신하들이 너무 많으니 말이야.

유라

(   )

7

적용·창의

이 글 뒤에 이어질 내용으로 알맞지 <u>않은</u> 것은 무엇인가요? (   )

① 박준기와 조충묵은 서로의 실력을 인정하게 된다.

② 박준기와 조충묵은 서로의 부족함을 채워 주는 최고의 동료가 된다.

③ 도화서의 화원들이 박준기와 조충묵 대신 다른 사람을 주관화사로 뽑는다.

④ 도화서의 화원들이 둘 중 한 사람만 뽑는 건 너무 어렵다며 투표를 포기한다.

⑤ 왕은 박준기와 조충묵이 힘을 합쳐 완성한 어진을 보고 만족하여 둘에게 큰 상을 내린다.

☆ 이야기의 내용상 앞뒤가 맞지 않는 것을 찾아봐.

📝 내용 정리

⭐ 빈칸에 알맞은 말을 쓰거나 ○표를 하여 오늘 읽은 글의 내용을 정리해 보세요.

> 　도화서의 젊은 용 박준기와 늙은 호랑이 조충묵은 이례적으로 둘 다 **❶**(　　　　　　)
> 을/를 맡게 되었다. 어진을 그리며 부딪치던 두 사람은 주도권을 놓고 도화서 화원들의 선
> 택을 받기 위해 각자가 그린 **❷**(용안, 용포)을/를 공개하였다. 그런데 서로의 그림을 본 두
> 사람은 할 말을 잃었다. 혼자 그릴 때 해결하지 못했던 것을 **❸**(자신, 상대방)의 그림에서
> 찾았기 때문이었다.

🔍 어휘 정리

1 빈칸에 알맞은 낱말을 ○보기○에서 찾아 쓰세요.

> ○보기○　　　　　사사건건　　　　터줏대감　　　　위풍당당

(1) 네 동생은 왜 (　　　　　　) 말썽이니?

(2) 그는 성공한 사업가가 되어 (　　　　　　)하게 고향으로 돌아왔다.

(3) 옆집 할아버지는 이 동네 (　　　　　　)이셔서 동네에 관해 모르는 게 없으시다.

2 다음 밑줄 친 내용과 바꾸어 쓸 수 있는 관용어를 찾아 ○표 하세요.

> 박준기는 조충묵이 못마땅한 듯 말해도 <u>태연하게</u> 자신이 할 말을 하였다.

(1) 눈 둘 곳을 모르고 (　　　)　　　　　　(2) 눈썹도 까딱하지 않고 (　　　)

소음 공해

오정희

1 잠시 후 인터폰이 울렸다.

"충분히 주의하고 있으니 염려 마시랍니다."

㉠경비원의 전갈이었다. 염려 마시라고? 다분히 도전적인 *저의가 느껴지는 *전언이었다. 게다가 드르륵드르륵 소리는 여전하지 않은가? 이젠 한판 싸워 보자는 얘긴가? 나는 인터폰을 들어 다짜고짜 909호를 바꿔 달라고 말했다. 신호음이 서너 차례 울린 후에야 신경질적인 ㉡젊은 여자의 응답이 들렸다.

"아래층인데요. 댁이 그런 식으로 말할 건 없잖아요? 나도 참을 만큼 참았다고요. 공동 주택에는 지켜야 할 규칙들이 있잖아요? 난 그 소리 때문에 병이 날 지경이에요."

"여보세요. 난 날아다니는 나비나 파리가 아니에요. 내 집에서 맘대로 움직이지도 못하나요? 해도 너무하시네요. 이틀 거리로 전화를 해 대시니 저도 피가 마르는 것 같아요. 저더러 어쩌라는 거예요?"

"하여튼 ㉢아래층 사람 고통도 생각하시고 주의해 주세요."

나는 거칠게 수화기를 내려놓았다.

"뻔뻔스럽긴. 이젠 순 배짱이잖아?"

소리 내어 욕설을 퍼부어도 화가 가라앉지 않았다. 그렇다고 언제까지 경비원을 사이에 두고 '하랍신다', '하신다더라' 하며 신경전을 펼 수도 없는 일이었다. 화가 날수록 침착하고 부드럽게 처신해야 한다는 것은 나이가 가르친 지혜였다. 지난겨울 선물로 받은, 아직 쓰지 않은 실내용 슬리퍼에 생각이 미친 것은 스스로도 신통했다. 선물도 무기가 되는 법. 발소리를 죽이는 푹신한 슬리퍼를 선물함으로써 소리를 죽이라는 메시지와 함께 소리 때문에 고통받는 내 심정을 간접적으로 나타낼 수 있으리라. 사려 깊고 양식 있는 이웃으로서 공동생활의 규범에 대해 조곤조곤 타이르리라.

2 위층으로 올라가 벨을 눌렀다. 안쪽에서 "누구세요?" 묻는 소리가 들리고도 십 분 가까이 지나 문이 열렸다. '이웃사촌이라는데 아직 인사도 없이…….' 등등 준비했던 인사말과 함께 포장한 슬리퍼를 내밀려던 나는 첫마디를 뗄 겨를도 없이 *우두망찰했다. 좁은 현관을 꽉 채우며 휠체어에 앉은 젊은 여자가 달갑잖은 표정으로 나를 올려다보았다.

"안 그래도 바퀴를 갈아 볼 작정이었어요. 소리가 좀 덜 나는 것으로요. 어쨌든 죄송해요. ㉣도와주는 아줌마가 지금 안 계셔서 차 대접할 형편도 안 되네요."

3 여자의 텅 빈, 허전한 하반신을 덮은 화사한 빛깔의 담요와 휠체어에서 황급히 시선을 떼며 나는 할 말을 잃은 채 부끄러움으로 얼굴만 붉히며 슬리퍼 든 손을 등 뒤로 감추었다.

＊저의: 겉으로 드러나지 아니한, 속에 품은 생각.
＊전언: 말을 전함. 또는 그 말.
＊피가 마르다: 몹시 괴롭거나 애가 타다.
＊우두망찰했다: 정신이 얼떨떨하여 어찌할 바를 몰랐다.

---

1 이 글에서 사건이 발생하게 된 배경으로 알맞은 것의 기호를 쓰세요.

추론

> ㉮ 시골이라는 공간적 배경   ㉯ 겨울이라는 시간적 배경
>
> ㉰ 새벽이라는 시간적 배경   ㉱ 공동 주택이라는 공간적 배경

(   )

2 이 글의 내용으로 알맞지 <u>않은</u> 것은 무엇인가요? (   )

내용 이해

① '나'는 층간 소음 때문에 힘들어한다.
② 위층 여자는 층간 소음에 대해 모르고 있었다.
③ '나'는 그동안 경비원을 통해 위층 여자에게 항의를 하였다.
④ '나'는 슬리퍼를 선물하면 층간 소음이 줄어들 것이라고 생각했다.
⑤ 위층 여자는 장애가 있어 문을 여는 데 십 분 가까이 시간이 걸렸다.

3 이 글의 짜임에 대한 설명으로 알맞지 <u>않은</u> 것에 ×표 하세요.

짜임

(1) **1**은 인물과 배경이 소개되고 있으므로, 발단에 해당한다.   (   )

(2) **2**는 갈등이 최고조에 이르고 있으므로, 절정에 해당한다.   (   )

(3) **3**은 사건이 끝나고 있으므로, 결말에 해당한다.   (   )

4

내용 이해

㉠~㉢ 중 '나'와 갈등 관계에 있는 인물은 누구인지 찾아 기호를 쓰세요.

(   )

☆ 이 글에서 '나'와 불편한 마음으로 대화하고 있는 사람을 찾아봐.

5

어휘·표현

글 **3**의 '나'의 상황에 어울리는 관용어는 무엇인가요? (   )

① 쥐구멍을 찾다   ② 꼬리를 감추다

③ 얼굴이 두껍다   ④ 호박씨를 까다

⑤ 오지랖이 넓다

6

추론

이 글에서 갈등을 해결하는 역할을 한 것은 무엇인가요? (   )

① 벨   ② 담요

③ 인터폰   ④ 슬리퍼

⑤ 휠체어

☆ 아래층 여자가 무엇을 보고 당황했는지 찾아봐.

7

감상

이 글을 읽고 생각한 점을 바르게 말하지 <u>못한</u> 친구는 누구인지 쓰세요.

보지도 않고 함부로 말하고, 장애가 있는 사람을 차별하는 행동은 옳지 않아.

윤슬

요즘은 이웃에게 무관심한 사람들이 많아서 '나'처럼 위층에 누가 사는지도 모르는 것 같아.

재원

이 글처럼 요즘 층간 소음 때문에 이웃 간에 다툼이 일어나는 경우가 있는데, 이웃을 배려하는 마음을 더 가져야겠어.

유현

(   )

내용 정리

⭐ 빈칸에 알맞은 말을 넣어 오늘 읽은 글의 내용을 정리해 보세요.

> '나'는 위층에서 나는 드르륵드르륵 소리가 여전히 멈추지 않자 ❶(　　　　　　)을/를 통해 위층 젊은 여자에게 직접 항의하였다. 그러나 위층의 젊은 여자는 해도 너무 한다고 대답하였다. '나'는 실내용 ❷(　　　　　　)을/를 위층에 선물하여 발소리를 줄이게 하려고 하였다. '내'가 슬리퍼를 들고 위층으로 올라가 벨을 누르자, 안에서 나온 사람은 ❸(　　　　　　)에 탄 젊은 여자였다. '나'는 부끄러움으로 얼굴만 붉히고 슬리퍼 든 손을 등 뒤로 감추었다.

어휘 정리

1 빈칸에 알맞은 낱말을 ◦보기◦에서 찾아 쓰세요.

> ◦보기◦　　　　전갈　　　염려　　　처신

(1) 모든 일이 잘될 테니 (　　　　　　) 마십시오.

(2) 급히 집으로 돌아오라는 (　　　　　　)을/를 받았다.

(3) 할머니께서는 항상 (　　　　　　)을/를 바르게 해야 한다고 말씀하셨다.

2 다음 문장에 알맞은 말을 (　) 안에서 골라 ○표 하세요.

> 창고 안에 숨은 도둑은 경찰이 언제 잡으러 올지 몰라 (피가 마르는, 피가 뜨거운) 것 같았다.

들판에서

이강백

1 형과 아우, 밧줄을 사이에 두고 가위바위보를 한다. 아우가 이긴다. 그는 형 쪽으로 껑충 뛰어넘어가서 뽐내며 의기양양하게 다니다가 자기 쪽으로 되돌아온다. 아우는 세 번이나 형을 이기고, 똑같은 행동을 되풀이한다.

형: 그만하자, 그만해!

아우: 왜요?

형: 너는 나보다 늦게 낸다! 내가 가위를 내면 너는 기다렸다가 바위를 내놓고, 내가 보를 내면 너는 그걸 본 다음 가위를 내놓잖아?

아우: 아뇨! 난 형님과 동시에 냈어요!

형: 난 그림이나 그려야겠다. (뒤돌아서서 자신의 그림 앞으로 걸어가며) 다시는 너하고는 놀이 안 해!

아우: 형님, 나에게 지더니만 심통이 났군요?

형: (㉠) 너는 날 속이고 이겼어!

아우: 아뇨! 형님이 지금 화를 내는 건 내가 이겼기 때문이에요. 형님은 언제나 이겨야 하고, 동생인 나는 항상 져야 한다! 그게 바로 형님의 고정 관념이죠!

형: 미리 경고해 두겠는데, 내 허락 없이는 이쪽으로 넘어오지 마라!

아우: 그럼 형님도 내 땅에 넘어오지 말아요! 〈중략〉

2 형과 아우, 민들레꽃을 여러 송이 꺾는다. 그리고 벽으로 다가가서 민들레꽃을 벽 너머로 서로 던져 준다. 형은 아우가 던져 준 꽃들을 주워 들고 반색하고, 아우는 형이 던진 꽃들을 주워 들고 기뻐한다. 서로 벽을 두드리며 외친다.

아우: 형님, 내 말 들려요?

형: 들린다, 들려! 너도 내 말 들리냐?

아우: 들려요!

㉡**형:** 우리, 벽을 허물기로 하자!

아우: 네, 그래요. 우리 함께 벽을 허물어요!

무대 조명, 서서히 꺼진다. 다만, 무대 뒤쪽의 들판 풍경을 그린 *걸개그림만이 환하게 밝다. 막이 내린다.

＊반색하고: 매우 반가워하고. 또는 그런 기색.
＊걸개그림: 건물의 벽 따위에 걸 수 있도록 그린 그림.

1

내용 이해

이 글의 특징으로 알맞지 <u>않은</u> 것은 무엇인가요? (　　　)

① 시간과 공간의 제약이 없다.

② 글쓴이가 상상하여 꾸며 쓴 글이다.

③ 무대에서 연극을 하기 위해 쓴 글이다.

④ 주로 인물의 대화로 사건을 이끌어 간다.

⑤ 인물의 행동이나 말투를 지시하는 내용이 있다.

☆ 글의 마지막 부분에 '무대'라는 말이 나오고, 등장인물이 대화를 하는 형식으로 이야기가 진행되고 있어.

2

내용 이해

글 **1**에서 갈등을 겪고 있는 형과 아우의 생각을 바르게 정리한 것은 무엇인가요? (　　　)

	형	아우
①	동생은 늘 나에게 짜증을 내.	형은 늘 나에게 화를 내.
②	동생이 날 속이고 이겼어.	형은 늘 나를 속여.
③	동생과 다시는 놀이를 안 할 거야.	형은 내가 이겨서 화가 난 거야.
④	동생이 땅을 더 많이 가져야 해.	형이니까 땅을 더 많이 가져야 해.
⑤	동생은 나보다 많은 것을 가졌어.	형은 나보다 더 많은 것을 가졌어.

3

추론

㉠에 들어갈 내용으로 가장 알맞은 것에 ○표 하세요.

(1) 화난 표정으로

(　　　)

(2) 부드러운 목소리로

(　　　)

(3) 아우의 어깨를 두드리며

(　　　)

☆ ㉠ 다음에 형이 동생에게 하는 말을 살펴봐.

글 **2**는 이야기의 짜임 중 무엇에 해당하는지 쓰세요.

(   )

5

내용 이해

형과 아우가 서로에게 민들레꽃을 던진 까닭으로 알맞은 것은 무엇인가요? (   )

① 서로 화해하고 싶어서

② 강하게 경고하기 위해서

③ 서로의 기분을 나쁘게 하고 싶어서

④ 민들레꽃으로 상대방의 땅을 꾸며 주고 싶어서

⑤ 자기 땅에 민들레꽃이 피었다는 것을 자랑하고 싶어서

6

어휘·표현

ⓒ과 관계있는 사자성어는 무엇인가요? (   )

① 우이독경(牛耳讀經)   ② 이심전심(以心傳心)

③ 전전긍긍(戰戰兢兢)   ④ 아전인수(我田引水)

⑤ 이열치열(以熱治熱)

7

주제

이 글의 주제에 대해 바르게 말한 친구는 누구인지 쓰세요.

> 성민: 이 글의 주제는 형제 사이의 갈등을 해결하고 우애를 쌓자는 거야.
>
> 민재: 멀리 사는 형제보다 가까운 이웃이 더 좋다는 것이 이 글의 주제야.
>
> 채원: 이 글은 아무리 형제 사이라도 사이가 좋을 필요는 없다는 것을 말하고 있어.

(   )

📖 내용 정리

⭐ 빈칸에 알맞은 말을 넣어 오늘 읽은 글의 내용을 정리해 보세요.

형과 아우가 ❶(   )을/를 사이에 두고 가위바위보를 하여 서로의 땅을 넘어 다니는 놀이를 하다 아우가 세 번이나 형을 이기게 된다. 그러자 형이 아우에게 자신보다 늦게 낸다고 화를 낸다. 아우는 형은 언제나 이겨야 하고 자신은 항상 져야 한다는 건 형의 ❷(   )(이)라고 맞받아친다. 형과 아우는 서로의 땅에 넘어오지 말라고 하며 사이가 나빠진다. 〈중략〉 형과 아우는 ❸(   )을/를 벽 너머로 서로 던져 주며 마음을 확인하고 기뻐하며 벽을 허물기로 한다.

🔍 어휘 정리

1 다음 문장에 알맞은 낱말을 (   ) 안에서 골라 ○표 하세요.

⑴ 엄마께서 저 집에 큰 개가 있으니 조심하라고 (경고, 선고)를 하셨다.

⑵ 할아버지께서는 오랜만에 놀러 온 손자를 (반색, 정색)하며 맞으셨다.

⑶ 동생이 달리기 대회에서 1등을 했다면서 (안달복달, 의기양양)하게 들어왔다.

2 다음 밑줄 친 부분의 뜻으로 알맞은 것에 ○표 하세요.

형과 아우는 화가 나서 서로의 땅으로 넘어가지 않고 <u>발을 끊었다.</u>

⑴ 매우 분주하게 많이 다녔다.

(   )

⑵ 오가지 않거나 관계를 끊었다.

(   )

낱말 미로

앞에서 배운 낱말을 떠올려 보고, 퀴즈를 풀며 미로를 탈출해 보세요.

계획한 일이 실패로 돌아가거나 기대에 어긋나 매우 딱하게 됨을 뜻하는 말은 무엇일까?

낭패

낭만

보통의 경우에서 벗어나 특이한 것을 무엇이라고 할까?

이례적

평균적

"시끄럽지 않도록 충분히 주의하고 있으니 ○○ 말라고 했어."에서 빈칸에 들어갈 말은?

염려

사람을 시켜 전하는 말이나 안부를 무엇이라고 할까?

전갈

전표

사사건건

반대

위풍당당

풍채나 기세가
위엄 있고 떳떳함을
뜻하는 말은 무엇일까?

매우 반가워함을
뜻하는 말은 무엇일까?

경고

고려

반색

훌륭해! 독해력
다음 단계에 도전해
보자고! 출발!

"허락 없이 내 땅에
들어오지 말라고 ○○했어."에서
빈칸에 들어갈 말은?

처신

수고

세상을 살아가는 데
가져야 할 몸가짐이나
행동을 무엇이라고 할까?

불신

정답 및 해설 16쪽에서 확인하세요.

시는 글쓴이의 생각이나 느낌을 리듬감 있게 표현한 글이에요. 시를 읽을 때에는 시의 짜임, 비유적 표현, 감각적 표현 등을 알아보고, 시어에 담긴 의미를 짐작해서 시의 주제도 파악해야 해요.

비법 주제 >> **주제 파악하기**

말하고 싶은 중심 생각을 주제라고 해. 시뿐만 아니라 모든 글에는 주제가 있지.

주제를 파악하려면 일단 시의 제목을 살피고, 중심 글감을 파악해야 해. 이것만으로는 잘 모르겠다 싶으면 시 속에서 **말하는 이가 어떤 상황에 놓여 있는지, 사물이나 상황을 어떤 태도로 바라보고 있는지, 특정한 표현에 담긴 뜻은 무엇인지**를 살펴보면 쉽게 알 수 있을 거야.

예시 문제   다음 시의 주제로 알맞은 것의 기호를 쓰세요.

산새가 숲에서

울고 있었다.

바위가 조용히

듣고 있었다.

산새와 바위는

말이 없어도

서로가 서로를
중심 생각이 드러난 부분 ①
생각한단다.

바람이 구름을

밀고 있었다.

하늘이 가만히

보고 있었다.

> 이 시에서
> '서로'는 누구일까?

바람과 하늘은

말이 없어도

서로가 서로를
중심 생각이 드러난 부분 ②
사랑한단다.

김종상, 「서로가」

㉮ 자연을 파괴하는 인간의 모습

㉯ 자연의 조화로움과 서로 사랑하는 마음

㉰ 자연과 인간이 서로 아끼고 좋아하는 마음

(   )

연습 문제 1 다음 시조에서 글쓴이가 말하고 싶은 중심 생각은 무엇인가요? (   )

> 아버님 날 낳으시고 어머님 날 기르시니
> 부모님 아니시면 이 몸이 살아 있었을까
> 하늘같이 끝이 없는 은덕을 어찌 다 갚으오리.
>
> 정철, 「훈민가」 중에서
>
> *은덕: 은혜와 덕. 또는 은혜로운 덕.

① 웃어른을 공경하자.   ② 부모님께 효도하자.

③ 친구와 싸우지 말자.   ④ 스승의 은혜에 보답하자.

⑤ 형제끼리 친하게 지내자.

*시조는 고려 말기부터 발달해 온 우리나라 고유의 정형시(일정한 형식에 맞추어 쓴 시)를 말해.

연습 문제 2 다음 시의 주제가 드러나도록 제목을 바꿀 때 가장 알맞은 것에 ○표 하세요.

> 귀뚜라미가 또르르 우는 달밤엔
> 멀리 떠나간 동무가 그리워져요.
> 정답게 손잡고 뛰놀던 내 동무
> 그곳에도 지금 귀뚜린 울고 있을까?
>
> 귀뚜라미가 또르르 우는 달밤엔
> 만나고 싶은 동무께 편지나 쓸까.
> 즐겁게 뛰놀던 지난날 이야기
> 그 동무도 지금 내 생각하고 있을까?
>
> 강소천, 「귀뚜라미 우는 밤」
>
> *동무: 늘 친하게 어울리는 사람.

화목한 가족   보고 싶은 친구   사라진 귀뚜라미

비법 내용 이해 >> 작품 이해하기

작품 이해를 묻는 문제는 제시된 작품에 대한 전반적인 설명이 맞는지 아닌지를 판단하는 문제가 주로 나와. 작품이 **어떤 형식을 갖추고 있는지, 어떤 분위기인지, 어떤 장면을 상상할 수 있는지**에 대한 설명을 잘 읽어 보고 종합해서 판단해 보는 거야.

그러니까 일단 시를 읽고, 문제를 꼼꼼하게 살펴봐야겠지?

예시 문제   다음 시에 대한 설명으로 알맞지 <u>않은</u> 것은 무엇인가요? (   )

오대산 천 년 숲길을 걷는다

곧고 장대하게 뻗은 전나무 길

<u>걸음걸이가 의젓해지고</u>
　　오대산을 대하는 마음가짐
<u>마음이 넓어진다</u>

선덕 여왕 때 세상을 만난 월정사

고려의 아름다움을 전하는

팔각 구층 석탑

천 년도 넘는 세월 동안

얼마나 많은 사람을 만났을까

천 년 자연의 눈에

지금의 우리는

어떤 모습으로 비춰질까

천 년 자연

이 모습 그대로

오래 살아남아

<u>사람을 품어 주기를 바라본다</u>
　　자연 앞에 한없이 작은 인간의 모습

홍정기(학생), 「오대산」

① 오대산 숲길의 모습이 떠오른다.

② 오대산의 신비로움을 담은 시이다.

③ 자연 앞에서 겸손한 인간의 자세가 나타나 있다.

④ 월정사를 만든 목수들에게 고마움을 전하고 있다.

⑤ 오대산을 걸어가며 보고 느낀 점을 표현하고 있다.

다음 시를 바르게 이해하지 **못한** 것을 골라 ×표 하세요.

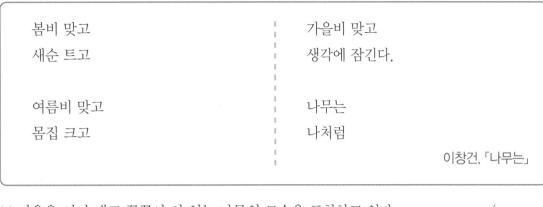

봄비 맞고
새순 트고

여름비 맞고
몸집 크고

가을비 맞고
생각에 잠긴다.

나무는
나처럼

이창건, 「나무는」

(1) 겨울을 이겨 내고 꼿꼿이 서 있는 나무의 모습을 표현하고 있다. ( )

(2) 나무가 봄, 여름, 가을을 지나면서 단단해지는 것을 느낄 수 있다. ( )

(3) 나무가 자라는 모습을 인간이 성장하는 모습과 비슷하다고 생각하였다. ( )

다음 시에 대해 바르게 말하지 **못한** 친구는 누구인지 쓰세요.

*얼골 하나야
손바닥 둘로
폭 가리지만,

보고 싶은 마음
호수만 하니
눈 감을 밖에.

정지용, 「호수 1」

*얼골: 얼굴.

감정을 절제하지
못하고 강하게
표현하였어.

한슬

얼굴과 마음의
크기를 대조하여 주제를
강조하였어.

도훈

누군가를
그리워하는 마음을 호수에
빗대어 표현하였어.

유라

( )

비법 추론 >> 함축적 의미 파악하기

사전에 실린 낱말의 뜻 외에 작품 속의 문맥으로 보아 새롭게 구성되거나 감추어진 의미를 함축적 의미라고 해. 예를 들면 하늘에 있는 해를 우리는 '태양'으로도 생각할 수 있지만, 시 속에서는 상황에 따라 '열정'이나 '새로운 도전'으로도 해석할 수 있지.

그리고 시에는 상징적 표현도 많이 사용되는데, '태극기' 하면 '대한민국'이 생각나지? 이처럼 **눈에 보이지 않고 말로 표현하기 힘든 것을 구체적인 사물로 나타내어 머릿속에 쉽게 떠오르도록 하는 표현 방법을 상징**이라고 해.

예시 문제   다음 시에서 ㉠의 함축적 의미로 알맞은 것의 기호를 쓰세요.

㉠부엌의 불빛은

어머니 무릎처럼 따뜻하다
　　　　　　　부엌의 불빛의 특징

저녁은 팥죽 한 그릇처럼

조용히 끓고,

접시에 놓인 불빛을

고양이는 다정히 핥는다

수돗물을 틀면

쏴아- 불빛이 쏟아진다

부엌의 불빛 아래 엎드려

아이는 오늘의 숙제를 끝내고

때로는 어머니의 눈물,
　　부엌의 불빛을 꺼지지 않게 하는 것
그 눈물이 등유가 되어

부엌의 불빛을 꺼지지 않게 한다

불빛을 삼킨 개가 하늘을 향해 짖어 대면

하늘엔

올해의 가장 아름다운 첫 별이

태어난다

이준관, 「부엌의 불빛」

㉮ 고향에 대한 그리움　　　　㉯ 고양이를 아끼는 마음

㉰ 어머니의 사랑과 정성　　　　㉱ 사라져 가는 것에 대한 안타까움

(　　　　　　　)

연습 문제 1   다음 시에서 헌신적인 사랑을 상징하는 낱말은 무엇인가요? (   )

> 내 마음은 촛불이요,
> 그대 저 문을 닫어 주오.
> 나는 그대의 비단 옷자락에 떨며, 고요히
> 최후의 한 방울도 남김없이 타오리다.
>
> 내 마음은 나그네요,
> 그대 피리를 불어 주오.
> 나는 달 아래 귀를 기울이며, 호젓이
> 나의 밤을 새이오리다.
>
> 김동명, 「내 마음은」 중에서

① 문   ② 촛불   ③ 피리
④ 나그네   ⑤ 비단 옷자락

연습 문제 2   다음 시에서 '눈이 덮인 마을'이 일제 강점기의 우리나라라고 할 때, '독립'의 의미를 함축하고 있는 낱말을 찾아 ○표 하세요.

> 눈이 덮인 마을에
> 밤이 내리면
> 눈이 덮인 마을은
> 하얀 꿈을 꾼다.
>
> 눈이 덮인 마을에
> 등불이 하나
> 누가 혼자 자지 않고
> 편지를 쓰나?
> 새벽까지 남아서
> 반짝거린다.
>
> 눈이 덮인 마을에
> 하얀 꿈 위에
> 쏟아질 듯 새파란
> 별이 빛난다.
> 눈이 덮인 마을에
> 별이 박힌다.
>
> 눈이 덮인 마을에
> 동이 터오면
> 한 개 한 개 별이 간다.
> 등불도 간다.
>
> 박두진, 「하얀 눈과 마을과」

밤   편지   하얀 꿈

비법 적용·창의 >> 작품 비교하기

같은 주제를 다룬 다른 작품과 비교한다거나 비슷한 배경의 시와 이야기를 비교해 본 적이 있니? 작품을 비교하며 읽으면 조금 어려울 수 있지만 두 작품을 더 깊이 이해할 수 있고, 읽는 재미도 배가 된다고!

비교하면서 글을 읽을 때는 **글감, 주제, 작품의 배경, 표현 방법, 형식 등 여러 부분에서 공통점과 차이점**을 살펴봐야 해. 꼼꼼하게 읽고 똑똑하게 비교해 보도록!

예시 문제 다음 시 **가**와 **나**를 비교한 것으로 알맞지 <u>않은</u> 것에 ×표 하세요.

가 엄마가 장독대 고추장을 퍼 담고

그만 장독 뚜껑을 닫지 않았다.

감나무 가지 끝에 앉아 있던

고추잠자리 한 마리

우리 집 고추장을 훔쳐 먹고

더 새빨개졌다

정호승, 「고추잠자리」

나 문틈에서 / 드르렁드르렁

"거, 누구요?"

"문풍지예요."

창밖에서 / 바스락바스락

"거, 누구요?"

"가랑잎예요."

문구멍으로 / 기웃기웃

"거, 누구요?"

"달빛예요."

윤석중, 「가을밤」

(1) 시 **가**와 **나** 모두 시간적 배경이 '가을'이다. ( )

(2) 시 **가**와 **나** 모두 대화하는 것처럼 표현하였다. ( )

(3) 시 **가**에서는 고추잠자리를, 시 **나**에서는 문풍지를 사람처럼 표현하였다. ( )

다음 글 **가**와 **나**에 대한 설명으로 알맞지 <u>않은</u> 것은 무엇인가요? (   )

> **가** 빨갛게 익어 가는 감을 닮아서
> 잎사귀도 빨갛게 물이 들었네.
> 감나무에 떨어진 아침 이슬은
> 감잎에 담겨서 빨강 물방울.
>
> 샛노란 은행잎이 달린 가지에
> 잎사귀도 노랗게 잘도 익었네.
> 은행나무 밑으로 흐르는 냇물
> 은행잎이 잠겨서 노랑 시냇물.
>
> 김종상, 「단풍」

> **나** 지난 주말, 가족과 함께 산에 다녀왔다. 울긋불긋 물든 단풍이 정말 예뻤다. 아기 손가락 모양의 빨간 단풍잎, 부채 모양의 노란 은행잎 등 모양도 가지가지이고 색깔도 가지가지였다. 주변을 둘러보니 우리 가족뿐만 아니라 단풍을 구경 온 사람이 많았다. 단풍을 보면서 감탄하는 소리가 여기저기에서 들렸다.

① **가**는 시이고, **나**는 생활문이다.
② **가**와 **나**의 중심 글감은 '단풍'이다.
③ **가**와 **나** 모두 눈으로 보는 것 같은 느낌이 든다.
④ **가**는 읽을 때 리듬이 느껴지고, **나**는 리듬이 느껴지지 않는다.
⑤ **가**는 슬픈 분위기가 느껴지고, **나**는 즐거운 분위기가 느껴진다.

다음 시 **가**와 **나**의 공통점으로 알맞지 <u>않은</u> 것에 ×표 하세요.

> **가** 물 차는 제비야/ 나하고 놀자.
> 멱 감다 싫거들랑/ 노래나 하자.
>
> 목청 좋은 꾀꼬리야/ 나하고 놀자.
> 노래하기 싫거들랑/ 춤이나 추자.
>
> 방정환, 「첫 여름」 중에서

> **나** 엄마야 누나야 강변 살자
> 뜰에는 반짝이는 금 모래 빛,
> 뒷문 밖에는 갈잎의 노래
> 엄마야 누나야 강변 살자.
>
> 김소월, 「엄마야 누나야」

(1) 인간과 자연을 대비하고 있다.   (   )

(2) 자연을 긍정적으로 바라보고 있다.   (   )

(3) 대상에게 말을 걸듯이 표현하고 있다.   (   )

고향

정지용

고향에 고향에 돌아와도
그리던 고향은 아니러뇨.

산꿩이 알을 품고
뻐꾸기 제철에 울건만,

마음은 제 고향 지니지 않고
머언 항구로 떠도는 구름.

오늘도 뫼 끝에 홀로 오르니
㉠흰 점 꽃이 *인정스레 웃고,

어린 시절에 불던 *풀피리 소리 아니 나고
㉡*메마른 입술에 쓰디쓰다.

고향에 고향에 돌아와도
그리던 하늘만이 높푸르구나.

* 인정스레: 보기에 인정을 베푸는 데가 있게.
* 풀피리: 두 입술 사이에 풀잎을 대거나 물고 부는 것.
* 메마른: 살결이 윤기가 없고 까슬까슬한.

1

내용 이해

이 시에 대한 설명으로 알맞지 <u>않은</u> 것은 무엇인가요? (   )

① 중심 글감은 '고향'이다.

② 6연 12행으로 이루어져 있다.

③ 1연과 6연은 비슷한 형태를 가지고 있다.

④ '고향에'라는 말을 반복하여 고향의 의미를 강조하였다.

⑤ 말하는 이와 자연이 직접 말을 주고받는 것처럼 표현하였다.

2

추론

이 시에서 변함없는 고향을 상징하는 낱말이 <u>아닌</u> 것을 골라 쓰세요.

| 하늘 | 항구 | 산꿩 | 뻐꾸기 |

(   )

3

어휘·표현

㉠과 같은 표현 방법이 사용된 것에 〇표 하세요.

(1) 나무가 춤을 춘다   (   )

(2) 쟁반처럼 둥근 달   (   )

(3) 눈은 세상을 지우는 지우개   (   )

4

추론

㉡을 통해 짐작할 수 있는 말하는 이의 마음으로 알맞은 것은 무엇인가요? (   )

① 정겨운 마음   ② 포근한 마음

③ 쓸쓸한 마음   ④ 즐거운 마음

⑤ 미안한 마음

☆ 말하는 이의 마음을 어떤 맛으로 표현하고 있는지 찾아봐.

5 주제

이 시의 주제는 무엇인가요? (   )

① 넓은 바다로 떠나고 싶어 하는 마음
② 멀리 떨어진 고향을 그리워하는 마음
③ 돌아온 고향에서 느껴지는 슬픈 마음
④ 어린 시절을 떠올리며 행복해하는 마음
⑤ 고향에 남아 있는 가족을 그리워하는 마음

☆ 시의 마지막 연을 보면 고향으로 돌아왔다는 표현이 있어.

6 감상

이 시를 읽고 생각이나 느낌을 바르게 말한 친구는 누구인지 쓰세요.

> 세윤: 그리워하던 옛 고향을 잃어버린 아픔이 느껴져서 정말 안타까웠어.
> 희정: 말하는 이가 그리워하던 고향과 하나가 된 것 같아서 정말 다행이야.
> 재범: 변한 고향의 모습을 보고 부끄러워하는 말하는 이의 심정이 느껴져서 가슴이 아팠어.

(   )

7 적용·창의

이 시와 다음 글의 공통점으로 알맞은 것에 ○표 하세요.

> 화도 나고 고국산천이 그립기도 하여서 훌쩍 뛰어나왔다가 오래간만에 고향을 둘러보고 벌이를 구할 겸 서울로 올라가는 길이라 했다.
> "고향에 가시니 반가워하는 사람이 있습디까?"
> "반가워하는 사람이 다 뭔기오, 고향이 통 없어졌더마."
> "그렇겠지요. 구 년 동안이나 퍽 변했겠지요."
>
> 현진건, 「고향」 중에서

(1) 고향에서 반가운 사람들을 만나서 추억을 떠올리고 있다.   (   )
(2) 고향으로 돌아왔다가 다시 다른 곳으로 떠나는 상황이다.   (   )
(3) 고향은 있지만 옛 고향에서 느끼던 감정을 느끼지 못하고 있다.   (   )

📑 내용 정리

⭐ 빈칸에 알맞은 말을 쓰거나 ○표를 하여 오늘 읽은 시의 내용을 정리해 보세요.

1연	❶( )을/를 잃어버린 마음
2연	변함없는 고향의 ❷(자연, 사람들)
3연	낯설게 느껴지는 고향에 머무르지 못하는 말하는 이
4연	변함없이 말하는 이를 반겨 주는 고향의 자연
5연	어린 시절의 추억을 찾을 수 없는 고향
6연	다시 돌아온 고향에서 느끼는 ❸(기쁜, 슬픈) 마음

🔍 어휘 정리

1 다음 문장에 알맞은 낱말을 (   ) 안에서 골라 ○표 하세요.

⑴ (제설, 제철)에 나는 과일과 채소가 맛이 좋다.

⑵ 엄마가 우는 아기를 가슴에 (품고, 풀고) 달래고 있다.

⑶ 차가운 바람을 많이 맞았더니 피부가 무척 (기름진, 메마른) 느낌이다.

2 다음은 오랜만에 고국에 돌아온 재외동포의 말입니다. 이 내용과 관계있는 사자성어에 ○표 하세요.

> 몇 년 만에 돌아온 한국은 제가 상상했던 모습이 아니었어요. 북한산도 한강도 그대로지만, 사람도 집도 길도 어느 것 하나 예전 모습을 찾아볼 수가 없네요.

⑴ 만고불변(萬古不變) → 아주 오랜 세월 동안 변하지 아니함.   (   )

⑵ 격세지감(隔世之感) → 오래지 않은 동안에 몰라보게 변하여 아주 다른 세상이 된 것 같은 느낌.

(   )

풀잎 2

박성룡

풀잎은
*펙도 아름다운 이름을 가졌어요.
우리가 '풀잎'이라고 그를 부를 때는,
우리들의 입속에서는
㉠푸른 휘파람 소리가 나거든요.

바람이 부는 날의 풀잎들은
왜 저리 몸을 흔들까요.
소나기가 오는 날의 풀잎들은
왜 저리 또 몸을 통통거릴까요.

그러나 풀잎은
펙도 아름다운 이름을 가졌어요.
우리가 '풀잎', '풀잎' 하고 자꾸 부르면,
㉡우리의 몸과 맘도 어느덧
푸른 풀잎이 돼 버리거든요.

*펙: 보통 정도를 훨씬 넘게.

1 내용 이해

이 시에 대한 설명으로 알맞은 것은 무엇인가요? (   )

① 3연 15행의 시이다.

② 중심 글감은 '휘파람'이다.

③ 밝고 경쾌한 느낌을 준다.

④ 부탁하는 문장으로 부드럽게 표현하였다.

⑤ 시간의 흐름에 따른 풀잎의 변화가 나타나 있다.

2 어휘·표현

이 시를 읽을 때 리듬감이 느껴지는 까닭으로 알맞지 <u>않은</u> 것은 무엇인가요? (   )

① 'ㅍ' 소리가 반복되었기 때문이다.

② '휘파람 소리'가 반복되었기 때문이다.

③ '우리'라는 말이 반복되었기 때문이다.

④ '요'로 끝나는 문장이 반복되었기 때문이다.

⑤ '왜 저리 ~ 몸을 ~까요'라는 표현이 반복되었기 때문이다.

3 어휘·표현

㉠에 대한 설명으로 알맞은 것을 두 가지 고르세요. (   )

① 귀로 듣는 것처럼 표현하였다.　　② 눈으로 보는 것처럼 표현하였다.

③ 입으로 맛보는 것처럼 표현하였다.　　④ 코로 냄새 맡는 것처럼 표현하였다.

⑤ 손으로 만져 보는 것처럼 표현하였다.

☆ ㉠에 어떤 감각적 표현이 쓰였는지 살펴봐.

4 추론

㉡이 뜻하는 것은 무엇인지 기호를 쓰세요.

> ㉮ 우리가 자연과 하나가 된다.
>
> ㉯ 우리가 다른 사람을 배려하게 된다.
>
> ㉰ 우리가 자연보다 더 소중한 존재로 바뀌게 된다.

(   )

5

이 시에 나오는 '풀잎'이 상징하는 의미로 알맞은 것을 두 가지 고르세요. (   )

① 순수한 존재   ② 나약한 존재

③ 불쌍한 존재   ④ 두려운 존재

⑤ 생명력이 있는 존재

☆ 이 시에서 풀잎이 어떤 특징을 가지고 있는지 생각해 봐.

6

이 시를 통해 말하는 이가 전하고 싶은 것은 무엇인가요? (   )

① 자연에 맞서 이기고 싶은 마음

② 자연을 아름답게 가꾸고 싶은 마음

③ 맑고 깨끗한 시골에서 살고 싶은 마음

④ 휘파람처럼 청량한 소리로 노래하고 싶은 마음

⑤ 풀잎과 같은 아름다움을 가지고 살고 싶은 마음

7 적용·창의

이 시에 나오는 '풀잎'과 같은 존재를 다음 시에서 찾아 쓰세요.

> 해야 솟아라. 해야 솟아라. 말갛게 씻은 얼굴 고운 해야 솟아라. 산 넘어 산 넘어서 어둠을 살라 먹고, 산 넘어서 밤새도록 어둠을 살라 먹고, 이글이글 앳된 얼굴 고운 해야 솟아라.
>
> 달밤이 싫여, 달밤이 싫여, 눈물 같은 골짜기에 달밤이 싫여, 아무도 없는 뜰에 달밤이 나는 싫여……
>
> 박두진, 「해」 중에서

(   )

내용 정리

⭐ 빈칸에 알맞은 말을 넣어 오늘 읽은 시의 내용을 정리해 보세요.

1연	풀잎은 부를 때 ❶(　　　　　) 휘파람 소리가 나는 아름다운 이름을 가졌다.
2연	바람이 불고, 소나기가 오는 날의 풀잎은 ❷(　　　)을/를 통통거린다.
3연	우리가 '풀잎', '풀잎' 하고 자꾸 부르면 우리의 몸과 맘도 푸른 ❸(　　　　　)이/가 돼 버린다.

어휘 정리

1 빈칸에 알맞은 낱말을 ○보기○에서 찾아 쓰세요.

> ○보기○　　　　　어느덧　　　자꾸　　　퍽

(1) 올해는 비가 (　　　　　　)도 많이 내렸다.

(2) 시간이 빠르게 흘러 (　　　　　　) 겨울 방학이 되었다.

(3) 동생이 엄마께 장난감을 사 달라고 (　　　　　　) 떼를 쓴다.

2 다음은 이 시를 읽고 생각이나 느낌을 말한 것입니다. 밑줄 친 부분과 관계있는 말에 ○표 하세요.

> '풀잎', '풀잎' 하고 자꾸 부르면 우리의 몸과 맘도 풀잎이 된다는 구절 때문인지 <u>나도 모르게 '풀잎', '풀잎' 하며 되뇌고 있어.</u>

(1) 입에 붙다 (　　　　)　　　　　　　　(2) 귀가 따갑다 (　　　　)

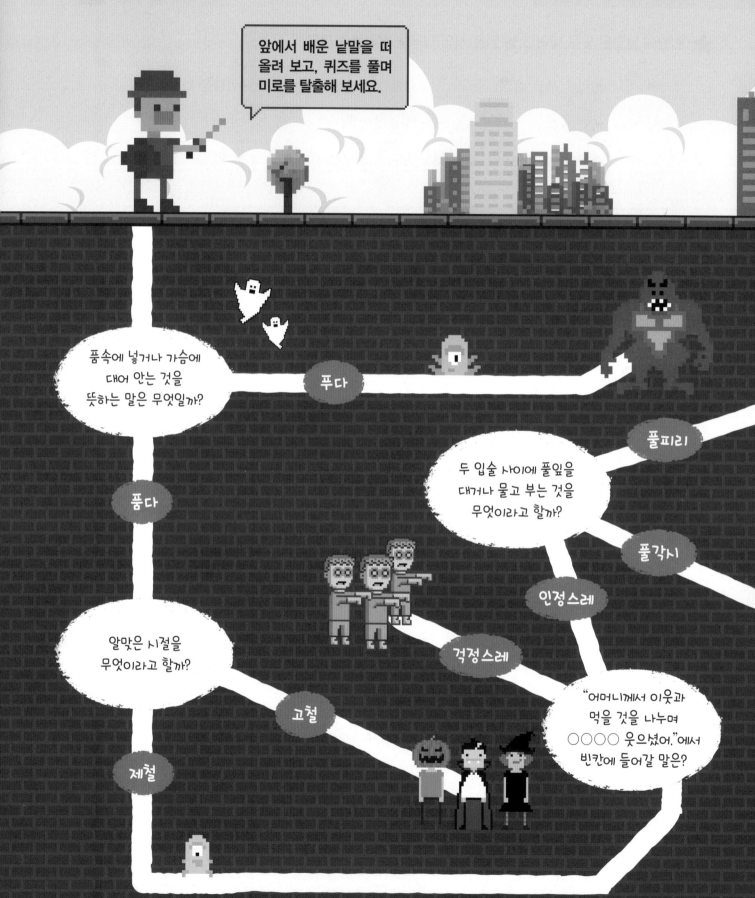

낱말 미로

앞에서 배운 낱말을 떠올려 보고, 퀴즈를 풀며 미로를 탈출해 보세요.

품속에 넣거나 가슴에 대어 안는 것을 뜻하는 말은 무엇일까?

푸다

품다

풀피리

두 입술 사이에 풀잎을 대거나 물고 부는 것을 무엇이라고 할까?

풀각시

인정스레

알맞은 시절을 무엇이라고 할까?

걱정스레

고철

"어머니께서 이웃과 먹을 것을 나누며 ○○○○ 웃으셨어."에서 빈칸에 들어갈 말은?

제철

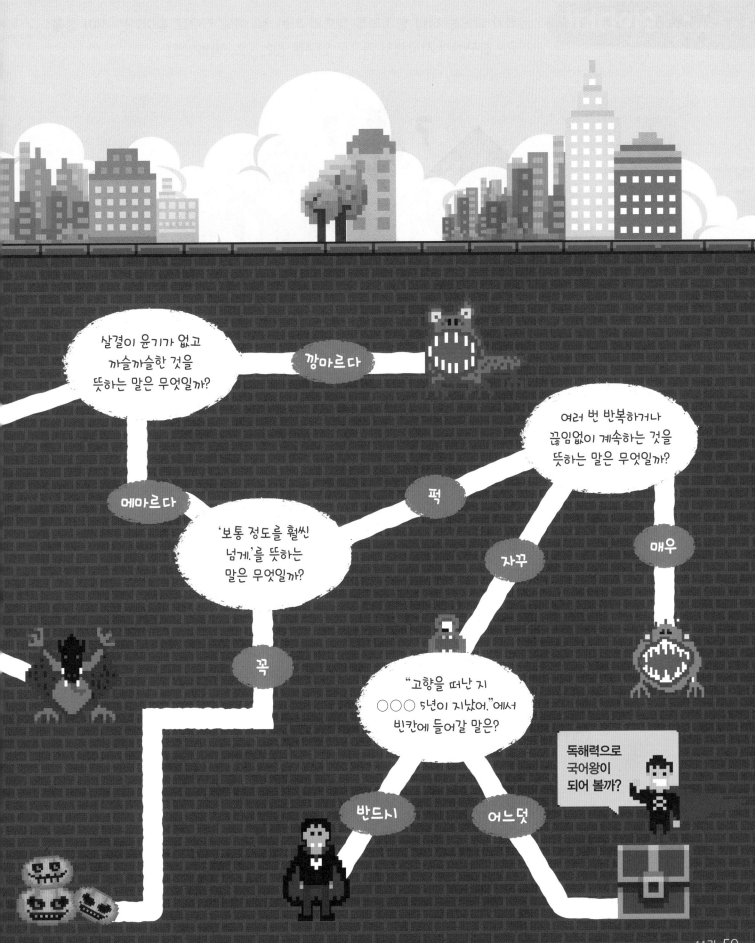

금화가 나오는 마법 항아리를 찾으러 가는 길! 어느 입구로 들어가는 것이 좋을까요? 출구에서 시작해서 거꾸로 입구를 찾는 것도 방법이죠!

정답 및 해설 16쪽에서 확인하세요.

정보가 담긴 글

정보가 담긴 글에는 설명문, 기행문, 전기문, 기사문 등이 있어요. 정보가 담긴 글은 글에 담긴 정보를 파악하고, 글의 짜임, 설명 방법 등도 함께 파악하며 읽어야 해요. 또 어울리는 자료를 짐작하거나 글의 신뢰성을 판단하며 읽는 것도 좋아요.

비법 내용 이해 >> 글의 특징 파악하기

정보가 담긴 글은 **설명 대상, 중심 낱말, 중심 내용, 주제**와 같은 표현 요소나 설명 방식의 짜임에 따라 그 특징을 정리할 수 있어.

그래서 글의 특징을 묻는 문제는 선택지에 제시된 내용이 맞는 설명인지 아닌지 판단하면서 문제를 해결해야지.

예시 문제 다음 글의 특징으로 알맞은 것은 무엇인가요? (   )

<u>오케스트라</u>는 여러 악기가 한데 모여 연주하는 가장 규모가 큰 기악 합주를 뜻한다. '오케
  <small>이 글에서 가장 많이 나오는 낱말</small>
스트라'라는 말은 고대 그리스에서 무대와 객석 사이의 넓은 장소를 가리켰던 '오르케스트라'에서 유래되었다. 반원형 모양의 오르케스트라에서는 주로 무용수가 노래를 부르며 춤을 추고, 악기 연주자가 앉아 있었다. 그러다 시간이 지나면서 기악 합주 자체를 의미하는 '오케스트라'로 변하게 되었다.

오케스트라에 쓰이는 악기는 크게 관악기, 현악기, 타악기 등으로 나눌 수 있다. 관악기에는 피콜로, 플루트, 오보에, 잉글리시 호른 등의 목관 악기와 트럼펫, 트롬본 등의 금관
  <small>오케스트라에 쓰이는 악기 이름을 나열함.</small>
악기가 해당한다. 현악기에는 바이올린, 첼로, 비올라, 콘트라베이스 등이 해당하고, 타악기에는 팀파니, 큰북, 작은북 등이 해당한다.

오케스트라에 참여하는 연주자는 심포니 오케스트라(대관현악)인지 챔버 오케스트라(실내 관현악)인지에 따라 적게는 15명에서 많게는 100여 명에 이른다. 오케스트라는 많은 악기가 한데 어우러져 소리를 내기 때문에 매우 웅장하다.

① 중심 낱말은 '악기'이다.
② 중심 내용은 '오케스트라'라는 말의 유래이다.
③ 시간 순서에 따라 악기의 변화를 설명하고 있다.
④ 여러 가지 악기의 소리를 비교하며 설명하고 있다.
⑤ 오케스트라의 여러 가지 특징에 대해 자세하게 설명하고 있다.

연습 문제 1　다음 글의 특징으로 알맞은 것에 ○표 하세요.

> 　소크라테스는 아테네의 철학자 중에서 가장 존경받는 사람이다. 그는 언제 어디서나 인간이라면 누구나 지켜야 할 진리가 있다고 가르쳤다. 그리고 그 진리에 도달하는 방법은 질문과 대답을 통한 대화였다.
>
> 　소크라테스가 남긴 유명한 말 중에 "너 자신을 알라."라는 말이 있다. 그는 자신이 *현자들보다 나은 점은 아무것도 모르는 것을 잘 알고 있다는 것이라고 했다. 그는 사람은 스스로 아무것도 모른다는 것을 알 때 겸손해지고 진리를 얻기 위해 노력하기 때문에 이를 깨닫는 것이 가장 중요하다고 말했다.
>
> ＊현자: 지혜롭고 현명한 사람.

⑴ 인물이 한 일을 리듬감 있게 쓴 글이다.　　　　　　　　　(　　)

⑵ 인물이 실제로 한 일을 바탕으로 쓴 글이다.　　　　　　　(　　)

⑶ 인물과 사건을 그럴 듯하게 꾸며서 쓴 글이다.　　　　　　(　　)

연습 문제 2　다음 글에 대한 설명으로 알맞지 <u>않은</u> 것은 무엇인가요? (　　)

> 　우주로 가기 위해 로켓을 발사하거나 탐사선, 우주선을 이용하려면 천문학적 비용이 든다. 그 비용을 줄이기 위한 대안이 바로 우주 엘리베이터이다. 우주 엘리베이터란 지구의 정지 궤도 상에 거대한 인공위성을 띄워 정거장을 만들고, 지표면에서 그 정거장까지 긴 케이블을 연결해 화물이나 승객을 실어 나를 수 있는 장치이다.
>
> 　물론 우주 엘리베이터를 구축하려면 막대한 비용이 들겠지만, 한 번 만들어 놓으면 몇 번이고 오고 갈 수 있다. 그 뒤로는 우주로 가는 운송비를 줄일 수 있어 자연스럽게 우주 개발을 할 수 있으며, 우주 도시 건설과 관광지 개발도 어렵지 않을 것이다.

① 정보를 전달하기 위해 쓴 글이다.

② 중심 글감은 '우주 엘리베이터'이다.

③ 설명하는 대상의 뜻이 나타나 있다.

④ 실제로 관찰한 사실을 바탕으로 썼다.

⑤ 설명하는 대상의 장단점이 나타나 있다.

비법 ✌ 어휘·표현 >> 호응 관계에 맞게 문장 쓰기

문장을 쓸 때는 <u>서로 어울리는 말끼리 써야 하는데, 이것을 문장의 '호응 관계'라고 해.</u>
호응 관계가 맞지 않으면 문장이 아주 어색하지.
문제에서 가장 많이 나오는 호응 관계는 꼭 기억해 두자.
<u>'결코 ~않다', '만약 ~라(하)면', '마치 ~처럼', '비록 ~지라도', '반드시 ~해야 한다'</u>
이런 호응 관계에 있는 말이 나오면 동그라미하고 서로 연결해 보자.

예시 문제   다음 ㉠~㉣ 중에서 호응 관계가 맞지 <u>않는</u> 것의 기호를 쓰세요.

  '슬로푸드(slow food)'는 천천히 시간을 들여서 만들고 먹는 음식을 말하는 것으로 '패스트푸드(fast food)'에 반대되는 말이다. 최근 '느리게 살기'에 대한 관심이 높아지면서 ㉠<u>비록 만드는 데 시간이 걸릴지라도</u> 건강한 음식을 만들어 먹자는 슬로푸드 운동도 자연스럽게 확산되고 있다.

  슬로푸드 운동은 1986년 다국적 패스트푸드 회사인 맥도널드가 이탈리아 로마에 문을 열면서 시작되었다. 당시 이탈리아 사람들은 ㉡<u>만약 맥도널드가 자리를 잡는다면</u> 자국의 전통 음식이 사라질 것이라며 슬로푸드 운동을 벌였고, 이것이 전 세계로 퍼져 나가 여러 나라에서 이 운동에 동참하고 있다.

  현재, 슬로푸드 운동은 빨리 조리된 음식, 빨리 먹는 식사를 의미하는 패스트푸드를 반대하는 것에서 나아가 현대 사회에 *제동을 걸고 있다. 속도와 효율성을 최고로 여기는 현대 사회에서는 ㉢<u>결코 삶의 질이 보장된다고</u> 생각하기 때문이다. 슬로푸드 운동을 펼치는 사람들은 빠르게 대량으로 생산되는 패스트푸드가 음식의 맛과 품위를 떨어뜨리고 환경까지 위협한다고 말하고 있다. 따라서 이 문제를 해결하기 위해 ㉣<u>반드시 슬로푸드 운동에 참여해야 한다</u>고 강조한다.

*제동을 걸고: 일의 진행이나 활동을 방해하거나 멈추게 하고.

㉠~㉣ 중에서 표현이 어색한 것을 골라 봐.

(   )

㉠을 호응 관계에 맞게 바르게 고친 것에 ○표 하세요.

경주에 있는 '누군가의 책방'은 모르는 사람은 그냥 지나칠 수 있는 작은 한옥 서점이다. 대문을 들어서면 잔디가 깔린 넓은 마당이 나오고 여기저기 피어 있는 꽃들과 아름다운 모습으로 서 있는 나무 한 그루가 손님을 반긴다. 이러한 모습 때문에 책방이 아니라 시골 할머니 댁을 찾아온 것 같은 착각이 들게 한다. 한옥 건물 안에는 여행 관련 책과 가볍게 읽을 수 있는 수필집, 그리고 잡지 등이 진열되어 있다. 그리고 작은 방 한 칸에는 엽서나 스티커, 달력, 예쁜 소품들도 판매되고 있어 눈길을 끈다. 책을 한 권 집어 툇마루에 앉아 한 장씩 넘겨 가며 읽다 보면 ㉠마치 조선 시대를 살고 있는 양반이 느껴진다.

(1) 비록 조선 시대를 살고 있는 양반이 느껴진다.   (   )

(2) 결코 조선 시대를 살고 있는 양반이라면 느껴진다.   (   )

(3) 마치 조선 시대를 살고 있는 양반이 된 것처럼 느껴진다.   (   )

호응 관계에 맞게 빈칸에 들어갈 알맞은 말은 무엇인가요? (   )

우리나라 속담을 보면 '말(言)'과 관련된 것들이 많다. "낮말은 새가 듣고 밤말은 쥐가 듣는다"는 아무리 비밀스럽게 한 말이라도 반드시 남의 귀에 들어가게 된다는 뜻을 가진 속담이다. "호랑이도 제 말 하면 온다"는 다른 사람에 관한 이야기를 하는데 공교롭게 그 사람이 나타나는 경우에 쓰는 속담이다. "말 한마디에 천 냥 빚도 갚는다"는 말만 잘하면 어려운 일이나 불가능해 보이는 일도 해결할 수 있다는 뜻을 가진 속담이고, "가는 말이 고와야 오는 말이 곱다"는 자기가 남에게 말이나 행동을 좋게 하여야 남도 자기에게 좋게 한다는 뜻을 가진 속담이다. 이처럼 우리 조상은 말을 좋게 해야 하고,   그 사람이 없을지라도 말을 함부로 해서는 안 된다는 것을 지혜롭게 속담으로 표현하였다.

① 결코   ② 마치   ③ 만약

④ 비록   ⑤ 반드시

비법

짜임 >> **글의 짜임 파악하기**

순서 짜임	**시간이나 장소, 일의 변화에 따라 순서대로** 설명하는 짜임이야.
나열 짜임	하나의 주제에 대해 몇 가지 **특징을 늘어놓는** 짜임이야. '첫째, 둘째, 셋째' 등의 말을 사용해.

비교 짜임	대조 짜임
두 대상의 **공통점**을 찾아 설명하는 짜임이야.	두 대상의 **차이점**을 찾아 설명하는 짜임이야.

예시 문제 다음 글은 어떤 짜임으로 쓴 글인지 기호를 쓰세요.

　　우리가 가장 먼저 찾아간 곳은 이순신 공원이었다. 이곳은 동양의 나폴리라고 불릴 만큼
　　　　　　　　　　　　　　　　　└ 글쓴이가 처음으로 찾아간 곳
아름다운 장소라고 한다. 바다와 육지가 만나는 곳에 자리 잡고 있어서 바다와 산의 느낌을

한꺼번에 느낄 수 있는 곳이다. 나는 산책로를 걸어가며 수많은 병사를 이끌고 전쟁을 치렀

을 이순신 장군을 떠올려 보았다.

　　공원을 나온 뒤에 점심 식사를 하기 위해 중앙 시장으로 향했다. 중앙 시장에는 온갖 해
　　　　　　　　　　　　　　　　　　　　　　└ 글쓴이가 두 번째로 찾아간 곳
산물이 놓여 있고, 맛있는 간식거리도 많았다. 여기저기 가게 주인들이 들어오라고 우리를

불렀지만 너무 배가 고팠던 참이라 우리는 작은 횟집으로 들어갔다. 싱싱한 회와 고소한 새

우튀김, 매운탕까지 먹고 나니 살 것 같았다.

　　다음으로 동피랑 마을을 찾아갔다. 이곳은 예쁘고 개성 있는 벽화로 가득 찬 동화 마을이
　　　　　　　　　　　└ 글쓴이가 세 번째로 찾아간 곳
다. 마을을 한 바퀴 돌면서 재미있는 이름을 가진 가게에도 들어가 보고 마음에 드는 벽화

앞에서 사진도 찍었다. 그리고 전망 좋은 카페에 앉아 시원한 주스도 마셨다.

㉮ 순서 짜임	㉯ 나열 짜임
㉰ 비교 짜임	㉱ 대조 짜임

(　　　　　　　　)

연습 문제 1 다음 글이 나열 짜임인 것을 알 수 있는 부분이 <u>아닌</u> 것은 무엇인가요? (   )

컬링의 장점은 다양하다. ㉠첫째, 두뇌 발달에 좋다. 컬링을 하려면 작전을 짜고 상대 팀의 전략을 예상해야 한다. 즉 끊임없이 생각을 해야 하기 때문에 두뇌를 발달시킬 수 있다. ㉡둘째, 책임감이 생긴다. 컬링은 역할이 뚜렷이 구분되는 운동이다. 어느 한 사람이라도 자신의 역할에 소홀하면 패배하기 쉽다. ㉢따라서 책임감을 발휘하여 각자 맡은 역할에 최선을 다해야 한다. ㉣셋째, 협동심이 길러진다. 팀원 모두 경기에 이겨야 한다는 목표를 이루기 위해 함께 힘을 모으기 때문이다. ㉤마지막으로 체력이 좋아진다. 컬링에 필요한 동작들은 강한 근력과 순발력을 필요로 하기 때문에 반복적인 연습으로 기초 체력을 기를 수 있다.

① ㉠   ② ㉡   ③ ㉢
④ ㉣   ⑤ ㉤

연습 문제 2 다음 글의 짜임에 대해 바르게 설명한 것에 ◯표 하세요.

함흥냉면과 평양냉면은 사람들에게 많은 사랑을 받고 있는 대표적인 여름 음식이다. 그러나 함흥냉면과 평양냉면은 여러 가지 면에서 차이가 있다.

함흥냉면은 함경남도 함흥시에서 유래된 냉면이다. 주로 녹말을 사용하여 면을 만들기 때문에 면이 찰기가 있고 쫄깃한 편이다. 냉면 육수는 감칠맛이 있으며 조금 짠 편이다. 함흥냉면은 물냉면으로도 먹지만 고추장 양념을 넣어 비빔냉면으로도 많이 먹는다. 반면 평양냉면은 평양에서 유래된 냉면이다. 주로 메밀을 사용하여 면을 만들기 때문에 면이 잘 끊어지는 편이다. 그리고 육수가 싱거운 편이라 양념 맛에 익숙한 사람들은 맛이 없다고 느낄 수 있으며 물냉면으로 많이 먹는다.

⑴ 시간의 순서에 따라 대상을 설명하였다.   (   )
⑵ 두 대상의 공통점과 차이점을 설명하고 있다.   (   )
⑶ 하나의 주제에 대해 몇 가지 특징을 늘어놓았다.   (   )

비법 적용·창의 >> 자료 적용하기

글을 쓴 사람은 어떤 내용을 설명할 때 읽는 사람이 쉽게 이해할 수 있도록 **사진이나 그림, 도표나 그래프** 등을 사용하기도 해. 우리도 글뿐만 아니라 글과 함께 제시된 이런 자료들을 보고 해석할 줄 알아야지. 제시된 자료가 **글의 내용에 맞는 자료인지, 자료가 없다면 어떤 자료가 들어가면 좋을지** 등을 잘 살펴보도록.

예시 문제 다음 글과 도표 자료를 참고할 때, ㉠에 해당하지 **않는** 것은 무엇입니까? (   )

문화체육관광부는 지난해 12월부터 올해 1월 사이 초중고 학생과 성인을 대상으로 '국민 독서 실태'를 조사하였다. 이번 조사에는 종이책 독서뿐만 아니라 전자책과 오디오북 독서를 모두 포함하였다. 조사 결과 연간 평균 독서량은 성인은 7.5권, 학생은 41권으로 큰 차이를 보였다. 또 학생의 경우에도 초등학생은 86.9권인 반면, 중학생은 25.5권, 고등학생은 12.5권으로 차이를 보였다. ㉠성인과 학생이 독서를 하기 어려운 이유도 다양한 것으로 조사되었다.

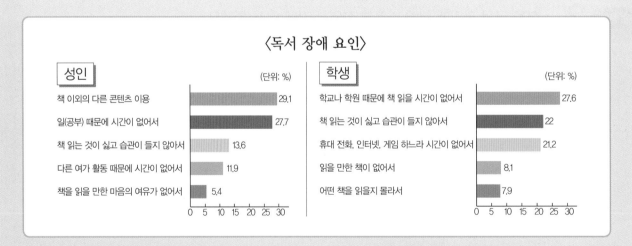

〈독서 장애 요인〉

성인 (단위: %)
책 이외의 다른 콘텐츠 이용	29.1
일(공부) 때문에 시간이 없어서	27.7
책 읽는 것이 싫고 습관이 들지 않아서	13.6
다른 여가 활동 때문에 시간이 없어서	11.9
책을 읽을 만한 마음의 여유가 없어서	5.4

학생 (단위: %)
학교나 학원 때문에 책 읽을 시간이 없어서	27.6
책 읽는 것이 싫고 습관이 들지 않아서	22
휴대 전화, 인터넷, 게임 하느라 시간이 없어서	21.2
읽을 만한 책이 없어서	8.1
어떤 책을 읽을지 몰라서	7.9

① 책의 가격이 비싸서
② 어떤 책을 읽을지 몰라서
③ 책 이외의 다른 콘텐츠를 이용해서
④ 책 읽기가 싫고 습관이 들지 않아서
⑤ 책을 읽을 만한 마음의 여유가 없어서

다음 글을 읽고 '바나나 현상'을 나타내는 그림 자료를 만들 때, 팻말에 쓸 말로 알맞은 것은 무엇입니까? (   )

> '님비 현상'과 비슷한 개념으로 '바나나 현상'이라는 말이 있다. 'Build Absolutely Nothing Anywhere Near Anybody(어디에든 아무것도 짓지 마라)'라는 영어의 각 단어 앞 글자를 따서 만든 신조어이다. 이 말은 각종 환경 오염 시설물을 자기가 사는 지역에는 절대 설치하지 못한다는 지역 이기주의 현상을 뜻한다.

① 동물원을 없애자
② 대학 등록금 인상 반대
③ 쓰레기 처리장 건립 결사 반대
④ 우리 지역에 어린이 박물관을 건립하자
⑤ 아껴 쓰고 나눠 쓰고 바꿔 쓰고 다시 쓰고

다음 기사 내용에 가장 알맞은 도표 자료의 기호를 쓰세요.

> 지난해 우리나라 평균 출생아 수가 역대 최저치로 추락하면서 경제 협력 개발 기구 회원국을 통틀어 유일하게 2년 연속 0명대로 떨어진 국가로 지목되었다. 통계청이 발표한 자료에 의하면 1970년 통계 작성이 시작된 이후 지난해 합계 출산율이 역대 최저치를 기록했다.

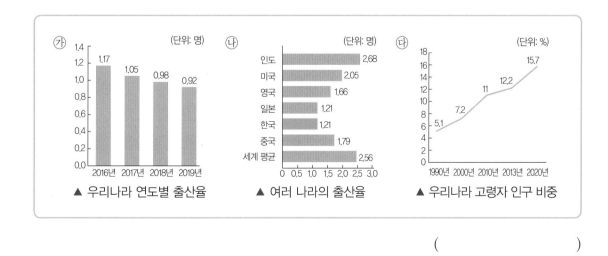

(   )

픽토그램의 장점

ㄱ

1 누구나 한 번쯤은 이런 그림을 보았을 것이다. 이처럼 사물이나 시설을 가리키거나 사회적인 행동이나 개념 따위를 나타낸 그림을 '픽토그램(pictogram)'이라고 한다. 픽토그램은 그림을 뜻하는 '픽토(picto)'와 *전보(문자)를 뜻하는 텔레그램(telegram)'이 합쳐진 말이다. 그렇다면 픽토그램을 사용하면 어떤 점이 좋을까?

2 첫째, 누구나 쉽게 알아볼 수 있다. 픽토그램은 *상징화된 그림 문자로 다수의 사람들이 빠르게 공감할 수 있도록 만든 것이다. 따라서 특별한 배경지식이 없는 사람이라도 픽토그램이 무엇을 의미하는지 쉽게 알아볼 수 있다.

3 둘째, 그림이 단순하고 깔끔해서 공공장소에 잘 어울린다. 픽토그램은 글자나 복잡한 장식을 사용하지 않기 때문에 어떤 장소에나 어울릴 수 있다. 사람들이 많이 다니는 곳이나 복잡한 그림이 그려진 곳에서도 단순한 픽토그램은 쉽게 눈에 띌 수 있다.

4 셋째, 인종과 국경을 넘어 전 세계적으로 사용할 수 있다. 픽토그램은 누구나 이해할 수 있는 그림 문자이다. ◯ㄴ◯ 사용하는 언어가 다르더라도 픽토그램이 상징하는 의미는 쉽게 알아볼 수 있다. 예를 들면 올림픽 종목을 나타내는 픽토그램이나 화장실, 관광 안내소, 지하철, 엘리베이터 등의 공공시설이나 장소를 나타내는 픽토그램은 세계 어느 나라에서나 비슷하게 사용하고 있다. 따라서 픽토그램은 세계인의 공용어라고 해도 과언이 아닐 것이다.

5 지금까지 픽토그램의 장점을 살펴보았다. 단순한 그림처럼 보이는 픽토그램이 가진 여러 장점 때문에 말이 통하지 않는 나라에서도 여행을 할 수 있고, 복잡한 도심에서도 목적지를 쉽게 찾을 수 있다. 픽토그램은 우리 생활 속에서 편리함을 주는 그림 문자로써 그 역할을 톡톡히 해내고 있다.

* 전보: 문자나 숫자를 전기 신호로 바꿔서 전파나 전류로 짧은 시간 안에 보내는 통신이나 통보.
* 상징: 추상적인 개념이나 사물을 구체적인 사물로 나타냄. 또는 그렇게 나타낸 표지·기호·물건 따위.

1 이 글의 구조로 알맞은 것에 ○표 하세요.

짜임

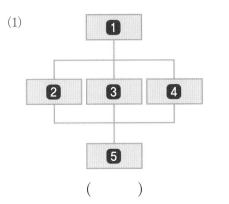

(1) (   )

(2) (   )

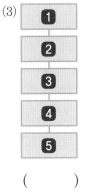

(3) (   )

2 이 글의 특징으로 알맞지 <u>않은</u> 것을 두 가지 고르세요. (   )

내용 이해

① 정보를 전달하고 있다.

② 글의 제목이 중심 내용이다.

③ 글쓴이의 의견이 나타나 있다.

④ 설명하는 대상의 문제점을 드러내고 있다.

⑤ 설명하는 대상과 관련된 시각 자료를 제시하고 있다.

3 ㉠과 같은 그림을 나타내는 말로, 이 글에서 설명하고 있는 대상을 찾아 쓰세요.

주제

(   )

4 호응 관계에 맞게 ㉡에 들어갈 말로 알맞은 것은 무엇인가요? (   )

 어휘·표현

① 결코   ② 마치   ③ 만약

④ 비록   ⑤ 반드시

☆ ㉡의 뒤에 쓰인 말 중에서 호응 관계에 있는 말을 찾아봐.

5

짜임

②~④문단은 어떤 짜임으로 쓰였는지 기호를 쓰세요.

> ㉠ 나열 짜임   ㉡ 대조 짜임
>
> ㉢ 비교 짜임   ㉣ 순서 짜임

(   )

☆ **②~④**문단에 어떤 말이 쓰였는지 살펴봐.

6

비판

이 글을 읽고 자신의 생각을 알맞게 말하지 <u>못한</u> 친구는 누구인가요? (   )

① 의건: 픽토그램을 세계인의 공용어라고 표현한 것이 신선했어요.

② 정우: 이 글에는 픽토그램의 장점만 쓰여 있어서 단점도 알고 싶어요.

③ 한비: 이 글을 읽고 픽토그램이 언제 처음 만들어졌는지 알게 되었어요.

④ 지아: 저도 누구나 쉽게 알아볼 수 있는 픽토그램을 만들어 보고 싶어요.

⑤ 범호: 이 글을 읽고 나니 주변에 있는 픽토그램을 관심 있게 보게 되었어요.

7

적용·창의

다음 자료가 픽토그램과 다른 점은 무엇인지 ○표 하세요.

(1) 픽토그램에는 글자가 들어가지만, 주어진 자료에는 들어가지 않는다.   (   )

(2) 픽토그램은 누구나 상징하는 의미를 알 수 있지만, 주어진 자료는 그렇지 않다. (   )

(3) 픽토그램은 개인적인 장소에서 볼 수 있지만, 주어진 자료는 공공장소에서 볼 수 있다.

(   )

📖 내용 정리

⭐ 빈칸에 알맞은 말을 쓰거나 ○표를 하여 오늘 읽은 글의 내용을 정리해 보세요.

처음	시설을 가리키거나 행동을 요구하는 내용이 담긴 그림을 ❶(　　　　　　　　) (이)라고 한다.
가운데	• 픽토그램은 누구나 쉽게 ❷(그릴, 알아볼) 수 있다. • 픽토그램은 ❸(　　　　　　　　　)에 잘 어울린다. • 픽토그램은 전 세계적으로 사용할 수 있다.
끝	픽토그램은 우리 생활 속에서 편리함을 주는 그림 문자로서 그 역할을 톡톡히 해내고 있다.

📖 어휘 정리

1 빈칸에 알맞은 낱말을 ◦보기◦에서 찾아 쓰세요.

◦보기◦　　　　　　가리키는　　　　공감하는　　　　상징하는

⑴ 비둘기는 평화를 (　　　　　　　　　) 새이다.

⑵ 표지판이 (　　　　　　　　) 곳으로 가니 길을 찾을 수 있었다.

⑶ 오늘 선생님의 말씀은 여러 면에서 (　　　　　　　　　) 부분이 많아서 고개를 끄덕였다.

2 다음 문장에 알맞은 말을 (　　) 안에서 골라 ○표 하세요.

명절이라 그런지 도로 위의 차들이 (눈에 띄게, 눈 밖에 나게) 늘었다.

㉠사람을 위한 공간을 만든 건축가, 정기용

　지금은 흔히 볼 수 있는 작고 예쁜 어린이 도서관들. 20년 전만 해도 어린이만을 위한 도서관은 상상도 하지 못했다. 네모반듯한 공공 도서관 한 켠에 어린이 책을 가져다 놓은 것으로 어린이를 위한 공간은 끝이었다. 그러나 건축가 정기용은 어린이 눈높이에 맞는 도서관을 탄생시켰다. 정기용이 설계한 건축물은 누군가를 위한 공간이었다. 정기용은 어떤 건축가였을까?

　서울대학교를 졸업하고 1972년 프랑스 초청 장학생으로 선발되어 파리로 떠난 정기용은 파리 국립 장식 미술학교에서 실내 건축학을 전공하였다. 그리고 학교를 졸업한 뒤에도 파리에 남아 계속 공부를 하면서 *분배와 *공유가 가능한 건축은 무엇일지 고민하였다.

　정기용이 프랑스에서 한국으로 돌아온 것은 1986년이었다. 한국으로 돌아온 정기용은 가장 먼저 흙집 연구를 하였다. 환경을 해치지 않고 자연과 함께하는 건축을 추구한 정기용은 전라북도 무주로 내려가 마을 회관을 흙으로 지었다. 그리고 공중목욕탕이 없어 멀리까지 가야 하는 주민들의 불편함을 알고 면사무소 안에 공중목욕탕을 만들었다. 행정 업무를 하는 면사무소에 공중목욕탕을 만든다는 것은 아무도 생각하지 못한 일이었다. 정기용이 사람에게 필요한 공간, 사람을 위한 공간을 　㉡　에 가능한 일이었다.

　정기용은 2003년에 기적의 도서관 프로젝트를 시작하였다. 정기용은 이 프로젝트의 책임을 맡아 우리나라 최초의 어린이 전용 도서관인 기적의 도서관을 순천에 세웠다. 기존의 도서관들이 사각의 딱딱한 콘크리트 건물이었던 것에 비해, 순천 기적의 도서관은 나무와 유리 등의 재료를 혼합해 마치 동화 속에 들어온 것 　㉢　 느낌을 주었다. 이후 정기용은 진해, 제주, 서귀포, 정읍, 김해에도 기적의 도서관을 건립하였다. 정기용은 건축 설계를 시작할 때 가장 먼저 그곳 사람들이 원하고 필요한 건축물이 무엇인지 묻고 들었다. 멋을 위한 건축이 아니라 더불어 사는 삶을 위한 건축을 한 것이다.

　정기용은 평생 집을 지었던 건축가였지만 정작 자신의 집은 짓지 못했다. *허름한 다세대 주택에 월세로 살며 평생을 사회적 양심과 나눔의 건축을 실천하기 위해 노력하다 2011년 대장암으로 생을 마감했다.

*분배: 몫에 따라 나눔.
*공유: 두 사람 이상이 한 물건을 공동으로 소유함.
*허름한: 좀 헌 듯한.

1
㉠과 바꾸어 쓸 수 있는 말로 알맞지 <u>않은</u> 것에 ×표 하세요.

(1) 더불어 사는 삶을 실천한 건축가 　　　　　　　　　　　　　(　　)

(2) 건물의 멋을 최고로 생각한 건축가 　　　　　　　　　　　　(　　)

(3) 사람과 소통하는 건물을 만든 건축가 　　　　　　　　　　　(　　)

☆ 정기용 건축가를 표현할 수 있는 말이 아닌 것을 찾아봐.

2
이 글의 짜임으로 알맞은 것에 ○표 하세요.

| 대조 짜임 | 비교 짜임 | 순서 짜임 | 나열 짜임 |

3
이 글의 특징으로 알맞은 것을 두 가지 고르세요. (　　　　　)

① 인물의 업적이 잘 드러나 있다.

② 문제에 대한 글쓴이의 의견을 쓴 글이다.

③ 실제 인물의 일생을 사실대로 쓴 글이다.

④ 어린이 도서관을 찾아가서 보고 듣고 느낀 점을 쓴 글이다.

⑤ 겪은 일과 그 일에 대한 생각이나 느낌을 솔직하게 쓴 글이다.

4
정기용이 한 일로 알맞지 <u>않은</u> 것은 무엇인가요? (　　　　)

① 흙으로 건물을 지었다.

② 사람을 위한 공간을 만들었다.

③ 프랑스에 가서 공부를 하였다.

④ 죽기 전에 자신이 살 다세대 주택을 지었다.

⑤ 우리나라 최초로 어린이 전용 도서관을 세웠다.

5

ⓒ에 들어갈 말로 알맞은 것의 기호를 쓰세요.

> ㉮ 좋아하지 않았기   ㉯ 고려하지 않았기
>
> ㉰ 최대한 멀리했기   ㉱ 최우선으로 생각했기

(   )

6

자연스러운 문장을 만들려고 할 때, ⓒ에 들어갈 말로 알맞은 것은 무엇인가요? (   )

① 같은   ② 같지만

③ 같다면   ④ 같지 않은

⑤ 같을지라도

☆ '마치'와 호응 관계에 맞고 넣어 보았을 때 자연스러운 말을 찾아봐.

7

정기용이 다음 건축가를 만났다면 어떤 생각을 했을지 알맞은 것에 ○표 하세요.

(1) 나무를 베어야 하는 상황이면 도서관 짓기를 포기해야지.   (   )

(2) 어린이 도서관을 넓게 지으려면 나무를 베는 것은 당연해.   (   )

(3) 어린이를 생각한다면, 주변의 환경을 생각하면서 자연을 살린 도서관을 짓는 게 좋을 텐데……   (   )

내용 정리

⭐ 빈칸에 알맞은 말을 넣어 오늘 읽은 글의 내용을 정리해 보세요.

정기용은 프랑스에서 분배와 ❶(   )이/가 가능한 건축에 대해 고민하다 1986년 한국으로 돌아왔다. 그는 전라북도 무주로 내려가 마을 회관을 ❷(   )(으)로 짓고, 면사무소 안에 공중목욕탕을 만들었다. 그 뒤에 최초로 ❸(   ) 전용 도서관인 순천 기적의 도서관을 세웠다. 정기용은 평생을 사회적 양심과 나눔의 건축을 위해 노력하다 2011년에 생을 마감했다.

어휘 정리

1 다음 문장에 알맞은 낱말을 (   ) 안에서 골라 ○표 하세요.

⑴ 이 골목에는 (허름한, 허전한) 가게가 많다.

⑵ 우리 반 대표로 내가 '시장과의 대화' 행사에 (요청되었다, 초청되었다).

⑶ 이번 경기에서 내가 응원하는 선수가 (발표되어, 선발되어) 기분이 좋다.

2 밑줄 친 부분과 관계있는 말에 ○표 하세요.

정기용은 평생을 사회적 양심과 나눔의 건축을 실천하기 위해 노력하다 2011년에 <u>생을 마감했다</u>.

⑴ 꼬리를 감추다 (   )   ⑵ 세상을 떠나다 (   )

┌─────────────────────────────┐
│   ㉠   │
└─────────────────────────────┘

1 사회적 네트워크 서비스(Social Network Service)를 줄여서 부르는 SNS가 최근 폭발적으로 성장하고 있다. 페이스북, 트위터, 인스타그램, 카카오톡 등으로 대표되는 SNS는 온라인상에서 특정한 관심이나 활동을 서로 나누며 관계를 형성하는 서비스이다. SNS는 1990년대 이후 인터넷이 발전하면서 급속히 성장하게 되었다.

2 우리는 SNS 시대에 살고 있다. SNS 이용자가 관심 분야에 대한 의견이나 정보를 게시하면 다른 이용자가 그것에 반응하면서 관계를 형성한다. 또 사진이나 영상을 공유하거나 음악 기능을 추가하면서 정서적인 교류도 한다. 이제는 학문이나 사회 문제, 경제 수단으로까지 SNS의 사용 범위가 확산되고 있다. 그렇다면 사람들이 SNS를 사용하는 까닭은 무엇일까?

3 첫째, SNS는 친구를 사귀기 좋은 수단이기 때문이다. SNS가 탄생하게 된 배경도 사람들과 더 가까워지고 싶다는 바람에서였다. 그 시작은 1990년대 친구 찾기 서비스라고 할 수 있다. 자신이 찾고 싶은 친구를 이용자의 *신상 정보로 찾을 수 있는 서비스가 바로 SNS의 시작이었다. 이제는 SNS를 통하여 공간의 제약 없이 전 세계의 사람들과 친구가 될 수 있다.

4 둘째, SNS를 통해 개인적으로 관심 있는 일에 대해 쉽게 공유할 수 있기 때문이다. 가까운 가족이나 친구, 이웃이라도 관심 대상은 다를 수 있다. 그때 SNS를 통해 공통의 관심사를 가진 사람끼리 소통하여 새로운 정보도 얻고, 함께 여가 활동도 즐길 수 있다. 정보를 올리면 그에 대한 반응을 실시간으로 주고받을 수 있기 때문에 공유되는 속도가 매우 빠르다는 특징이 있다.

5 셋째, SNS로 *여론을 형성하여 문제를 해결할 수 있기 때문이다. 과거에는 거리에 직접 나가 대중에게 어떤 문제를 호소함으로써 여러 사람의 의견을 모았다면, 요즘은 SNS를 통해 쉽고 간단하게 여론을 형성할 수 있다. ┌───── ㉡ ─────┐ 억울한 일을 당한 누군가가 자신의 SNS에 그 사정을 게시한다면, 그것을 공유한 이용자들은 이 문제에 대해 서로의 의견을 주고받으며 해결 방안을 제시하는 등 여론을 만들게 된다. SNS로 어떤 문제에 대해 여론을 형성하면 사회 변화까지 가져올 수 있게 된 것이다.

＊신상: 한 사람의 몸이나 처신, 또는 그의 주변에 관한 일이나 형편.
＊여론: 사회 대중의 공통된 의견.

1

주제

㉠에 들어갈 제목으로 가장 알맞은 것은 무엇인가요? (   )

① SNS로 친구 사귀기   ② SNS를 왜 사용할까?
③ 오랜 역사를 가진 SNS   ④ SNS의 여러 가지 종류
⑤ 인터넷 대신 발전한 SNS

2

짜임

이 글에 대한 설명으로 알맞지 <u>않은</u> 것에 ×표 하세요.

(1) 나열 짜임으로 구성하였다.   (   )
(2) **1**문단과 **2**문단은 글의 처음 부분에 해당한다.   (   )
(3) **3**문단과 **4**문단은 글의 가운데 부분에 해당한다.   (   )
(4) **5**문단은 글의 끝부분에 해당한다.   (   )

☆ 각 문단이 어떤 내용을 담고 있는지 살펴봐.

3

내용 이해

사람들이 SNS를 사용하는 까닭으로 알맞은 것을 모두 고르세요. (   )

① 글을 쓰는 실력이 늘어나기 때문이다.
② 친구를 사귀기 좋은 수단이기 때문이다.
③ 근처에 있는 사람끼리 친해질 수 있기 때문이다.
④ 여론을 형성하여 문제를 해결할 수 있기 때문이다.
⑤ 개인적으로 관심 있는 일에 대해 쉽게 공유할 수 있기 때문이다.

4

어휘·표현

문장의 호응 관계에 맞게 ㉡에 들어갈 말을 보기에서 골라 쓰세요.

보기   설마   결코   만약

(   )

5 추론

❶~❺ 중에서 다음 내용이 들어가기에 알맞은 문단의 번호를 쓰세요.

> 최근 한 고등학생은 친구들에게 따돌림을 받아 고통스러운 시간을 보냈다. 그러다 SNS에서 비슷한 상황에 놓인 친구를 사귀게 되었고, 그 친구와 속마음을 터놓고 이야기하면서 심리적으로 안정을 찾았다고 한다.

(   )

☆ SNS를 어떻게 활용했는지 살펴봐.

6 추론

이 글을 읽고 추론할 수 있는 사실로 알맞지 <u>않은</u> 것은 무엇인가요? (   )

① 여론을 형성하고 싶은 사람은 SNS를 적극적으로 사용할 것이다.
② 인터넷이 더 발전한다면 SNS의 사용 범위는 더욱 확대될 것이다.
③ 정보를 빠르게 공유하고 싶은 사람은 SNS를 사용하는 비율이 적을 것이다.
④ 다른 나라의 사람들과 소통하고 싶은 사람은 SNS를 적극적으로 사용할 것이다.
⑤ 개인 정보를 공유하고 싶어 하지 않는 사람은 SNS를 사용하는 비율이 적을 것이다.

7 적용·창의

다음 뉴스에서 보도한 내용과 관계있는 것을 골라 ○표 하세요.

> **어린이 보호 구역 내 안전 운전 관련 법안 요구 증가**
>
> 지난 9월 어린이 보호 구역에서 교통사고로 ○○○ 군이 사망한 이후, SNS에는 어린이 보호 구역에서는 자동차 주행 속도를 낮추고, 교통사고가 발생하면 운전자에게 아주 무거운 처벌을 해야 한다는 글이 꾸준히 올라오고 있습니다. 이와 같은 의견을 받아들여 국회에서는 어린이 보호 구역 내 안전 운전 의무 부주의로 인한 사고가 일어날 경우 가해자를 가중 처벌한다는 새로운 법을 만들 예정입니다.

(1) SNS로 전 세계의 친구를 사귈 수 있다. (   )
(2) SNS를 통해 여론을 형성하여 사회 문제를 해결할 수 있다. (   )
(3) SNS로 관심 있는 일에 대해 소통하고 여가를 즐길 수 있다. (   )

📝 내용 정리

⭐ 빈칸에 알맞은 말을 넣어 오늘 읽은 글의 내용을 정리해 보세요.

> ❶(   )은/는 온라인상에서 특정한 관심이나 활동을 서로 나누며 관계를 형성하는 사회적 네트워크 서비스이다. SNS를 사용하는 첫 번째 까닭은 친구를 사귀기 좋은 수단이기 때문이다. 두 번째 까닭은 ❷(   ) 있는 일에 대해 쉽게 공유할 수 있기 때문이고, 세 번째 까닭은 ❸(   )을/를 형성하여 문제를 해결할 수 있기 때문이다.

🔍 어휘 정리

1 빈칸에 알맞은 낱말을 ◦보기◦에서 찾아 쓰세요.

> ◦보기◦   교류   신상   제공

(1) 선생님께서 모둠 활동에 필요한 자료를 (   )해 주셨다.

(2) 남북 통일이 되려면 남한과 북한의 (   )이/가 많아져야 한다.

(3) 요즘 같은 시대에는 개인의 (   ) 정보를 함부로 노출해서는 안 된다.

2 다음 문장에 알맞은 말을 (   ) 안에서 골라 ○표 하세요.

> SNS에 가게 홍보를 했더니 물건이 (날개가 돋친 듯이, 가시가 돋친 듯이) 팔려 나가기 시작했다.

김홍도와 신윤복의 *풍속화에 빠지다!

지난 토요일에 미술 학원 선생님, 그리고 학원 친구들과 '풍속화가 김홍도와 신윤복전'에 다녀왔다. 미술 학원 근처에서 전시회가 열렸기 때문에 우리는 학원 수업을 마치고 함께 걸어서 다녀왔다.

먼저 우리는 영상실로 가서 김홍도와 신윤복을 소개하는 영상을 보았다. 김홍도와 신윤복은 조선 후기를 대표하는 화가이다. 두 사람은 도화서의 선후배 사이면서 스승과 제자 사이였지만, 풍속화가로서 *어깨를 견주었다. 그러나 두 사람이 그린 풍속화는 그림을 그린 대상이나 그림을 그린 방법 등에서 차이가 있었다. 영상을 본 뒤에 전시실로 가서 두 사람의 그림을 보며 그 차이점을 더 명확하게 알 수 있었다.

ⓐ 김홍도의 그림으로는 「서당」, 「씨름」, 「무동」, 「타작」, 「윷놀이」, 「빨래터」, 「나룻배」 등이 전시되어 있었다. 김홍도의 그림은 표현이 *익살스러워서인지 보는 내내 웃음이 절로 나왔다. 그의 그림은 선이 강하고 배경을 거의 그리지 않았으며 색도 칠하지 않았다. 또한 주로 서민들의 삶을 재미있고 생생하게 표현하였다.

신윤복의 그림으로는 「미인도」, 「단오풍정」, 「연당의 연인」, 「쌍검대무」, 「저잣길」 등이 전시되어 있었다. 그의 그림은 김홍도의 그림과 다르게 화려하고 섬세해서 놀랐다. 신윤복의 그림은 선이 가늘고 세밀하며 배경까지 자세했다. 그리고 빨강, 노랑, 파랑 등 색을 화려하게 칠했고, 양반들의 모습이나 여인의 모습을 아름답게 그렸다.

김홍도의 그림이 마치 흑백 사진 같다면, 신윤복의 그림은 마치 컬러 사진 같았다.

우리는 그림을 모두 감상하고 나서 휴게실에 모여 앉아 두 사람의 그림에 대해 이야기를 나누었다. 어떤 친구는 김홍도가 그린 서민들의 모습이 친근했다고 하였고, 어떤 친구는 신윤복이 그린 여인들의 모습이 아름다웠다고 하였다. 나는 같은 시대를 살았던 풍속화가인데도 그림으로 표현한 대상이 다르고, 방법도 다른 것이 참 신기하다고 했다.

책에서만 보던 그림들을 가까이에서 보니 인물의 표정이나 배경들이 자세하게 보였다. ⓒ만약 김홍도와 신윤복에 대해 모든 것을 알 수는 없을지라도, 미술 공부를 하는 학생으로서 매우 뿌듯한 하루였다.

*풍속화: 그 시대 사람들의 모습이나 풍습을 그린 그림.
*어깨를 견주다: 서로 비슷한 지위나 힘을 가지다.
*익살스러워서인지: 남을 웃기려고 일부러 우스운 말이나 행동을 하는 데가 있어서인지.

1

주제

이 글의 중심 글감으로 알맞은 것에 ○표 하세요.

(1) 조선 후기 풍속화와 민화　　　　　　　　　　　　　　　(　　)

(2) 풍속화가 김홍도와 신윤복　　　　　　　　　　　　　　(　　)

(3) 조선 후기와 현대의 풍속화　　　　　　　　　　　　　　(　　)

2

내용 이해

이 글의 특징으로 알맞지 <u>않은</u> 것은 무엇인가요? (　　)

① 미술 전시회를 보고 쓴 글이다.

② 처음, 가운데, 끝으로 이루어져 있다.

③ 글쓴이가 생각하거나 느낀 점은 드러나 있지 않다.

④ 김홍도와 신윤복이 그린 그림의 특징이 드러나 있다.

⑤ 김홍도와 신윤복이 그린 그림 제목이 나열되어 있다.

3

짜임

㉠의 짜임으로 알맞은 것의 기호를 쓰세요.

㉮ 비교와 대조 짜임　　　　　㉯ 문제와 해결 짜임

㉰ 원인과 결과 짜임　　　　　㉱ 의견과 근거 짜임

(　　　　　　　　)

☆ 대상의 어떤 특징에 주목하여 설명하였는지 찾아봐.

4

내용 이해

김홍도가 그린 그림의 특징으로 알맞은 것을 두 가지 고르세요. (　　)

① 선이 가늘고 세밀하다.

② 주로 양반들의 모습을 그렸다.

③ 선이 강하고 배경이 거의 없다.

④ 여러 가지 색을 사용하여 그렸다.

⑤ 서민들의 삶을 재미있게 표현했다.

5

어휘·표현

ⓒ을 문장의 호응에 맞게 바르게 고친 것은 무엇인가요? (   )

① '만약'을 '마치'로 고친다.
② '만약'을 '만일'로 고친다.
③ '만약'을 '꼭'으로 고친다.
④ '만약'을 '비록'으로 고친다.
⑤ '만약'을 '반드시'로 고친다.

☆ 고친 말을 넣어서 호응이 되는지 찾아봐.

6

추론

이 글을 읽고 알게 된 사실을 바르게 추론하여 말한 친구는 누구인지 쓰세요.

신윤복은 서민들의 모습을 자세하게 관찰했나 봐.

채원

김홍도와 신윤복은 서로 친해서 그림도 비슷하게 그렸네.

유라

김홍도의 그림은 소박하면서도 간략하고, 신윤복의 그림은 섬세하면서 또렷해.

민재

(   )

7

적용·창의

오른쪽 그림은 김홍도가 그린 「씨름」입니다. 이 글의 내용을 바탕으로 그림을 바르게 감상한 것의 기호를 쓰세요.

㉮ 양반 문화의 특징을 잘 보여 준다.
㉯ 서민의 삶의 모습을 생동감 있게 표현했다.
㉰ 여러 가지 색을 사용하여 화려하게 표현했다.

(   )

📝 내용 정리

⭐ 빈칸에 알맞은 말을 쓰거나 ○표를 하여 오늘 읽은 글의 내용을 정리해 보세요.

	김홍도	신윤복
공통점	• 조선 후기를 대표하는 화가로, 도화서에 속해 있었다. • 두 사람 모두 ❶(풍경화, 풍속화)를 그렸다.	
차이점	• 표현이 익살스럽다. • 선이 강하고 배경을 거의 그리지 않았으며 색도 칠하지 않았다. • 주로 ❷( )들의 삶을 재미있고 생생하게 표현하였다.	• 화려하고 섬세하다. • 선이 가늘고 세밀하며 배경까지 자세히 그렸고 색을 화려하게 칠했다. • ❸( )들이나 여인의 모습을 아름답게 그렸다.

🔍 어휘 정리

1 다음 문장에 알맞은 낱말을 (   ) 안에서 골라 ○표 하세요.

⑴ 이모가 그린 그림은 매우 (섬세하여, 열세하여) 감동을 준다.

⑵ 이 만화는 우리에게 (친근한, 친절한) 주제인 우정을 다루었다.

⑶ 친구와 만화를 보다가 주인공이 (밉살스러워, 익살스러워) 웃었다.

2 빈칸에 들어갈 말로 알맞은 것을 골라 ○표 하세요.

> 모형 항공기 만들기에서 나와 ▨▨▨▨ 상대가 없다.

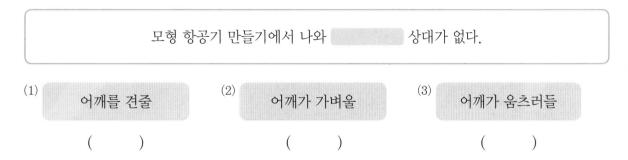

⑴ 어깨를 견줄	⑵ 어깨가 가벼울	⑶ 어깨가 움츠러들
( )	( )	( )

앞에서 배운 낱말을 떠올려 보고, 퀴즈를 풀며 미로를 탈출해 보세요.

추상적인 개념이나 사물을 구체적인 사물로 나타냄을 뜻하는 말은 무엇일까?

상징

"픽토그램은 다수의 사람들이 ○○할 수 있도록 만든 것이야."에서 빈칸에 들어갈 말은?

공감

특징

소감

두 사람 이상이 한 물건을 공동으로 소유함을 뜻하는 말은 무엇일까?

공유

흩어져 널리 퍼짐을 뜻하는 말은 무엇일까?

확산

축소

고발

존경

선발

"정기용은 장학생으로
○○되었어."에서
빈칸에 들어갈 말은?

"남을 웃기려고
○○스러운 표정을 지었어."에서
빈칸에 들어갈 말은?

비유

풍속화

익살

그 시대 사람들의
모습이나 풍습을 그린
그림을 무엇이라고 할까?

훌륭해! 독해력
다음 단계에 도전해
보자고! 출발!

여론

정밀화

사회 대중의 공통된
의견을 무엇이라고 할까?

결론

궁중 음식의 종류

1 ㉠2020년 7월, 구글 아트 앤 컬처는 '조선 왕조 궁중 음식 명예 기능 보유자'인 황혜성 (1920~2006) 선생님의 일대기를 전시했다. 구글이 온라인을 통해 세계에 알린 궁중 음식은 우리 음식 문화의 *정수라고 할 수 있다. 그렇다면 조선 시대 왕은 평소 어떤 음식을 먹었을까? 지금부터 왕이 하루 동안 먹었던 궁중 음식에 대해 알아보자.

2 ㉡첫째, 보약이 없는 날 아침 일찍 먹었던 초조반으로 왕의 몸을 *보하는 중요한 역할을 한다. 초조반의 주요 메뉴는 죽으로, 계절에 따라 여러 가지 부재료를 넣고 끓인다. 흰죽, 잣죽, 타락죽, 깨죽, 흑임자죽, 전복죽, 버섯죽 등 그 종류가 다양하다. 차조, 인삼, 대추 등을 고아서 거른 차조미음이나 찹쌀과 마른 해삼, 홍합, 우둔 고기를 고아서 거른 삼합미음 등을 올리기도 한다. 그리고 반찬은 맑은 찌개, 동치미, 나박김치, 마른찬, 간장, 소금, 꿀 등으로 간단하게 차린다.

3 ㉢둘째, 아침과 저녁에 먹었던 수라상이 있다. 임금과 중전이 각각 따로 상을 받고, 시중을 드는 수라 상궁도 각각 세 사람씩 대령한다. 수라상 차림은 기본 음식과 반찬으로 나눌 수 있다. 기본 음식에는 밥, 국, 찌개, 찜, 전골, 김치, 장 등이 있다. 반찬은 12가지로 정해져 있는데 조리법과 주재료가 겹치지 않으면서 계절에 따라 종류도 바뀐다. ⟨ ㉮ ⟩ 혼자서는 먹을 수 없는 상차림이기 때문에 음식이 아주 많이 남는다. 남은 음식은 버리는 것이 아니라 밥만 새로 떠서 상궁과 궁녀들이 나누어 먹었다고 한다.

4 ㉣셋째, 점심에 먹었던 낮것상이 있다. 평소에는 미음이나 죽처럼 소화되기 쉬운 음식 또는 간단한 다과상을 차려서 올린다. 그리고 왕가의 친척이나 손님이 방문했을 때에는 장국상을 차려서 대접한다. 장국상은 온면과 편육, 전, 김치 등을 차린 상이다. 장국상을 ㉤물리면 바로 다과상을 올리는데 보통 떡, 과자, 과일, 음료 등을 계절에 맞게 마련한다.

5 궁중 음식은 전문 조리사에 의하여 개발되고 전수되어 온 훌륭한 문화유산이다. 패스트푸드와 인스턴트가 넘치는 현대 사회에서 우리 고유의 궁중 음식을 연구하고 발전시킬 필요가 있을 것이다.

* 정수: 사물의 중심이 되는 가장 중요한 부분.
* 보하는: 영양분이 많은 음식이나 약을 먹어 몸의 건강을 돕는.

1 짜임

㉠~㉣ 중에서 글의 짜임을 알 수 있는 부분이 <u>아닌</u> 것의 기호를 쓰세요.

(   )

2 내용 이해

왕이 먹는 궁중 음식에 대한 설명으로 알맞지 <u>않은</u> 것은 무엇인가요? (   )

① 평소에 낮것상은 장국상을 받는다.

② 아침과 저녁은 모두 수라상을 받는다.

③ 임금은 중전과 각각 따로 상을 받는다.

④ 왕이 하루 동안 먹었던 음식은 다양하다.

⑤ 아침 수라 전에 초조반을 먹을 때도 있다.

3 어휘·표현

호응 관계에 맞게 ㉮에 들어갈 알맞은 말은 무엇인가요? (   )

① 결코   ② 마치

③ 설마   ④ 반드시

⑤ 왜냐하면

☆ '~할 수 없는'과 호응 관계에 맞는 말을 찾아봐.

4 어휘·표현

밑줄 친 낱말이 ㉯과 같은 뜻으로 쓰인 것은 무엇인가요? (   )

① 밤에 자다가 모기에게 <u>물렸다</u>.

② 할머니 댁 강아지에게 팔을 <u>물렸다</u>.

③ 아버지는 식사를 마치자 밥상을 문 옆으로 <u>물리셨다</u>.

④ 가게 주인은 이미 입은 옷은 돈으로 <u>물릴</u> 수 없다고 했다.

⑤ 좋아하는 짜장면도 매일 먹으니 이제는 <u>물려서</u> 먹기 싫었다.

5 1~5 중에서 글쓴이의 생각이 들어 있는 문단의 번호를 쓰세요.

내용 이해

(　　　　　)

☆ 글쓴이가 궁중 음식에 대해 어떤 생각을 가지고 있는지 알 수 있는 부분을 찾아봐.

6 이 글을 읽고 궁중 음식에 대한 생각을 알맞게 말한 친구는 누구인지 쓰세요.

비판

> 연우: 우리나라 궁중 음식은 계절과 상관없이 항상 같았다는 것이 아쉬워.
> 준영: 우리나라 궁중 음식은 우리나라의 훌륭한 문화유산인만큼 계속 전수되었으면 좋겠어.
> 재아: 궁중 음식은 만드는 과정이 너무 복잡해서 전문 조리사가 되려면 많이 노력해야 할 것 같아.

(　　　　　)

7 다음은 한국관광공사에서 한국을 관광한 외국인들을 대상으로 한 설문 조사 내용입니다. 설문 조사 내용을 보고 생각한 것 중 알맞은 것을 골라 ○표 하세요.

적용·창의

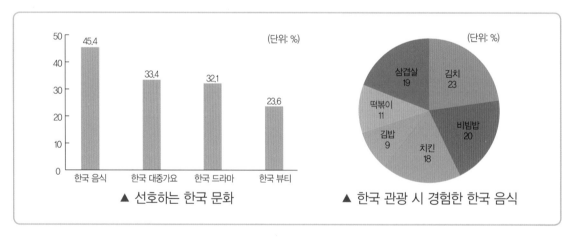

▲ 선호하는 한국 문화　　　　▲ 한국 관광 시 경험한 한국 음식

(1) 외국인을 위해 새로운 한국 공연 문화를 만들어야겠군. (　　　)

(2) 김치나 비빔밥 같은 한식을 세계화하는 데 관심을 가지고 더 연구하고 발전시켜야겠군.
(　　　)

(3) 우리나라 국민들이 해외여행보다 국내 여행을 더 많이 할 수 있도록 관광 상품을 개발해야겠군. (　　　)

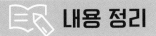

내용 정리

⭐ 빈칸에 알맞은 말을 넣어 오늘 읽은 글의 내용을 정리해 보세요.

처음	궁중 음식은 우리 음식 문화의 ❶( )(이)라고 할 수 있다.
가운데	• 초조반은 보약이 없는 날 아침 일찍 차리는 상이다. • 아침과 저녁에 차리는 수라상은 기본 음식과 ❷( )가지의 반찬으로 이루어져 있다. • 점심에 ❸( )을/를 차리고, 친척이나 손님이 방문했을 때는 장국상과 다과상을 마련한다.
끝	현대 사회에서 우리 고유의 궁중 음식을 연구하고 발전시킬 필요가 있다.

어휘 정리

1 빈칸에 알맞은 낱말을 ◦보기◦에서 찾아 쓰세요.

◦ 보기 ◦	대접 마련 정수

(1) 선생님께서 우리 반 친구들이 함께 먹을 다과를 (   )하셨다.

(2) 고려청자는 고려 시대 문화의 (   )을/를 보여 주는 문화재이다.

(3) 아버지께서는 늘 집에 오신 손님에게 잘 (   )해야 한다고 말씀하신다.

2 다음 문장에 알맞은 말을 (   ) 안에서 골라 ○표 하세요.

> 아빠가 차려 놓은 엄마의 생일상은 임금님 수라상이 부럽지 않을 만큼 (진수성찬, 만수무강)이었다.

조선의 뿌리, 종묘를 찾아서

1 서울 한복판에 있는 종묘를 찾았다. 종묘는 조선 시대 *역대 왕과 왕비의 *신위를 모시고 제사를 지내는 사당으로, 1995년에 불국사와 석굴암, 해인사 장경판전과 함께 유네스코 세계 *문화유산으로 지정된 문화재이다. 종묘는 임금이 백성에게 효와 충의 모범을 보이는 장소였다. 그래서 궁궐보다 먼저 종묘를 지었고, 전쟁 후에도 가장 먼저 종묘를 손보았다고 한다. 종묘의 건물로는 제사를 준비하는 곳인 '재궁'과 제사를 지내는 곳인 '정전', '영녕전', '공신당', '칠사당' 등이 있다. 그중에서 제사를 지내는 곳을 차례대로 둘러보았다.

2 먼저 들른 곳은 정전이다. 정전은 쭉 이어진 하나의 건물을 칸으로 나누어 '신실'이라는 방을 만들고, 방마다 왕과 왕비의 신주를 모신 곳이다. 처음에는 7칸짜리 건물이었다고 하는데, 현재는 19칸까지 늘어나 있었다. 세월이 흐르면서 모셔야 할 신주가 점점 더 늘어났기 때문이라고 한다. 정전 앞에 서니 아득하면서도 엄숙한 느낌을 받았다.

3 다음으로 간 곳은 정전에서 모시지 못한 왕과 왕비의 신주를 모신 영녕전이다. 16칸짜리 건물인데, 가운데 4칸의 방은 양쪽보다 지붕이 높았다. 이 4칸에는 조선을 세운 태조 이성계의 4대 조상이 모셔져 있다. 원래 종묘에는 정전만 있었는데, 신주를 모실 공간이 부족해지자 영녕전을 짓게 되었다고 한다. 영녕전이 '조상과 자손이 함께 길이 평안하라'는 뜻을 담고 있어서인지, 건물 앞에 서니 마음이 편안해졌다.

4 그 뒤에는 공신당에 갔다. 이곳은 왕을 도와 나라를 잘 다스린 신하들의 신주를 모신 곳이다. 처음에는 5칸짜리 작은 건물이었는데, 현재는 16칸까지 늘어나 있었다. 잘 알려진 황희, 신숙주, 이황과 이이 등의 신주가 모셔져 있었다. 이어서 나라와 백성에게 나쁜 일이 일어나지 않도록 일곱 신을 모신 칠사당까지 천천히 둘러보고 종묘를 나왔다.

5 종묘는 조선 시대 왕실을 상징하는 특별한 장소였다. 비록 다른 궁궐처럼 화려하지는 않았지만 나에게는 *손가락 안에 꼽히는 장소가 되었다. ㉠나는 오늘 본 종묘의 웅장함을 결코 잊을 것이다. 세계가 인정한 귀중한 문화유산인 종묘, 우리는 종묘의 소중함을 가슴에 새기고 종묘를 오래도록 잘 보존하기 위해 노력해야 할 것이다.

* 역대: 대대로 이어 내려온 여러 대. 또는 그동안.
* 신위: 죽은 사람의 사진이나 지방(종잇조각에 글을 써서 만든 신주) 또는 신주(죽은 사람의 이름을 적은 나무 패)를 모셔 두는 자리.
* 문화유산: 문화적인 가치가 높아 후손들에게 물려 줄 필요가 있는 문화나 문화재.
* 손가락 안에 꼽히다: 어떤 단체나 무리 중에서 몇 되지 아니하게 특별하다.

1

주제

이 글의 중심 글감은 무엇인가요? (　　　)

① 서울　　　　　　② 종묘　　　　　　③ 불국사

④ 조선 시대　　　⑤ 세계 문화유산

2

짜임

이 글의 짜임에 대한 설명으로 알맞은 것의 기호를 쓰세요.

> ㉮ 둘러본 건물들을 순서 짜임으로 설명하였다.
>
> ㉯ 둘러본 건물들을 비교와 대조 짜임으로 설명하였다.
>
> ㉰ 둘러본 건물들을 문제와 해결 짜임으로 설명하였다.

(　　　　　　　　)

☆ '먼저', '다음으로', '그 뒤' 등을 통해 글의 짜임을 알 수 있어.

3

내용 이해

이 글의 특징으로 알맞은 것은 무엇인가요? (　　　)

① 조선 시대에 대한 책을 읽고 쓴 글이다.

② 왕실을 배경으로 있을 법한 일을 꾸며 쓴 글이다.

③ 세계 문화유산을 종류별로 자세히 설명한 글이다.

④ 종묘에 대한 글쓴이의 생각을 중심으로 쓴 글이다.

⑤ 종묘에서 직접 보고 들은 것을 중심으로 쓴 글이다.

4

내용 이해

글쓴이가 가지 <u>않은</u> 곳은 어디인가요? (　　　)

① 재궁　　　　　　② 정전　　　　　　③ 영녕전

④ 공신당　　　　　⑤ 칠사당

5

어휘·표현

㉠에서 호응 관계에 맞게 고쳐 써야 할 부분을 찾아 바르게 고친 것은 무엇인가요? (   )

① 결코 → 마치   ② 결코 → 만약

③ 본 → 보지 못할   ④ 잊을 → 잊지 못할

⑤ 잊을 → 잊어야 할

☆ 고쳐 썼을 때 가장 자연스러운 말이 무엇인지 찾아봐.

6

추론

이 글을 읽고 추론한 사실을 바르게 말하지 <u>못한</u> 친구는 누구인지 쓰세요.

> 나연: 궁궐보다 종묘를 먼저 지었다는 것을 보니 우리 조상이 종묘를 매우 중요하게
> 생각한 것 같아.
>
> 선우: 종묘가 세계 문화유산으로 지정된 것으로 보아 세계적으로 그 가치를 인정받고
> 있다는 것을 알 수 있어.
>
> 연준: 종묘를 궁궐처럼 화려하게 짓지 않은 것을 보니 왕들이 자신이 사는 궁궐만 화
> 려하게 만들고 싶어 했던 것 같아.

(   )

7

 적용·창의

다음 영녕전의 사진에서 이성계의 4대 조상이 모셔져 있는 곳의 기호를 쓰세요.

(   )

내용 정리

⭐ 빈칸에 알맞은 말을 넣어 오늘 읽은 글의 내용을 정리해 보세요.

처음	조선 시대 역대 왕과 왕비의 신위를 모시고 ❶(　　　　　)을/를 지내는 사당인 종묘의 건물 중에서 정전, 영녕전, 공신당, 칠사당을 차례대로 둘러보았다.
가운데	• 먼저 들른 곳은 방마다 왕과 왕비의 신주를 모신 정전이다. • 다음으로 정전에서 모시지 못한 왕과 왕비의 신주를 모신 ❷(　　　　　)에 갔다. • 그 뒤에는 왕을 도와 나라를 잘 다스린 신하들의 신주를 모신 공신당을 간 다음, 일곱 신을 모신 ❸(　　　　　)까지 둘러보고 종묘를 나왔다.
끝	종묘는 조선 시대 왕실을 상징하는 특별한 장소로, 잘 보존해야 한다.

어휘 정리

1 빈칸에 알맞은 낱말을 ◦보기◦에서 찾아 쓰세요.

◦보기◦　　　　　지정된　　　　엄숙한　　　　귀중한

⑴ 종묘는 매우 (　　　　　) 문화유산이다.

⑵ 남대문은 국보 제1호로 (　　　　　) 곳이다.

⑶ (　　　　　) 분위기 속에서 현충일 기념 의식이 진행되었다.

2 다음 문장에 알맞은 말을 (　　) 안에서 골라 ○표 하세요.

할아버지는 우리 동네에서 (손가락 안에 꼽히는, 손가락 하나 까딱 않는) 명가수였다.

대한민국 헌법의 의미

헌법은 국가를 통치하는 기본 원리이며 국민의 *기본권을 보장하고 다른 것으로 대체할 수 없는 최고 법규이다. 법 중에서 가장 기본이 되고 중요한 법이기 때문에 '법 중의 법', '최고의 법'이라고 한다. 헌법에는 우리나라가 어떤 국가인지, 국민이 누릴 수 있는 것과 지켜야 할 것은 무엇인지, 국가의 일을 누가 어떻게 맡아서 할 것인지 등에 대한 내용이 나와 있다. 그럼 우리나라 헌법의 주요 조항으로는 어떤 것들이 있는지 알아보자.

대한민국 헌법 제1조 제1항은 '대한민국은 민주공화국이다.'이다. 헌법의 첫 *조항에서 국가의 이름이나 성격을 밝히는 것은 헌법이 국가를 바탕으로 만든 것이기 때문이다. 우리나라는 1948년에 헌법을 정하고 정부를 세우면서 '대한민국'을 정식 국명으로 사용하였다. 그리고 '민주공화국'은 국가의 성격과 정부의 운영 형태를 가리킨다. 민주공화국이란 *주권이 국민에게 있고 주권의 운용이 국민의 의사에 따라 이루어지는 나라를 말한다. 이처럼 헌법 제1조 제1항에서는 우리나라가 민주주의 나라임을 밝히고 있다.

대한민국 헌법 제1조 제2항은 '대한민국의 주권은 국민에게 있고, 모든 권력은 국민으로부터 나온다.'이다. 옛날에는 왕이나 신분이 높은 사람들이 나라의 일을 의논하고 결정했고, 백성은 그 결정을 따를 수밖에 없었다. 그 당시에는 나라의 주인이 백성이 아니라 왕이라고 생각했기 때문이다. 그러나 오늘날에는 모든 사람이 사회 공동의 문제를 해결하는 과정에 참여할 수 있다. 국민에게 한 나라의 주인으로서 나라의 중요한 일을 스스로 결정하는 권리를 보장하기 때문이다. 이처럼 헌법 제1조 제2항에서는 우리나라에서 국가의 일을 결정할 수 있는 힘이 국민에게 있다는 것을 밝히고 있다.

대한민국 헌법 제1조 제1항과 제2항은 대한민국의 주인은 국민이라는 것과 함께 대한민국은 국민이라면 누구나 국가의 일을 결정할 수 있는 민주주의 국가임을 분명하게 밝히고 있다. 우리나라 국민이라면 헌법 제1조 제1항과 제2항이 가지는 상징적 의미를 ⟨ ㉠ ⟩ 기억해야 한다. 그리고 국가의 일에 *뒷짐 지고 지켜보기 보다는 모두에게 주어진 소중한 권리를 행사하기 위해 적극적으로 나서야 한다.

*기본권: 인간이 태어날 때부터 가지고 있는 기본적인 원리. 자유권, 참정권, 사회권 따위가 있음.
*조항: 법률이나 규정 따위의 조목이나 항목.
*주권: 국가의 의사를 최종적으로 결정하는 권력.
*뒷짐 지다: 어떤 일에 자신은 전혀 상관없는 것처럼 구경만 하고 있다.

1 내용 이해

이 글의 특징으로 알맞은 것은 무엇인가요? (   )

① 여러 나라의 헌법을 소개하는 글이다.

② 헌법에 대해 부정적인 관점에서 쓴 글이다.

③ 헌법에 대한 전문가의 의견을 덧붙여 쓴 글이다.

④ 발단, 전개, 절정, 결말의 짜임으로 이루어진 글이다.

⑤ 대한민국 헌법의 주요 조항의 의미를 설명하는 글이다.

2 짜임

이 글의 짜임으로 알맞은 것에 ◯표 하세요.

(1) 시간의 흐름에 따라 설명하는 순서 짜임이다.   (   )

(2) 하나의 주제에 대해 몇 가지 특징을 늘어놓는 나열 짜임이다.   (   )

(3) 대상의 공통점과 차이점을 찾아 설명하는 비교와 대조 짜임이다.   (   )

3 내용 이해

헌법에 대한 설명으로 알맞지 <u>않은</u> 것은 무엇인가요? (   )

① '최고의 법'이라고 한다.

② 국민의 기본권을 보장한다.

③ 다른 것으로 대체할 수 있다.

④ 법 중에서 가장 중요한 법이다.

⑤ 국가를 통치하는 기본 원리이다.

4 내용 이해

빈칸에 알맞은 말을 차례대로 넣어 대한민국 헌법 제1조 제1항과 제2항의 의미를 완성해 보세요.

> 대한민국의 주인은 (   )이고, 대한민국은 국민이라면 누구나 국가의 일을 결정할 수 있는 (   ) 국가이다.

5 문장의 호응 관계로 볼 때, ⊙에 들어갈 알맞은 말은 무엇인가요? (   )

어휘·표현

① 결코   ② 비록   ③ 마치

④ 만약   ⑤ 반드시

☆ '~해야 한다.'와 호응 관계에 맞는 말을 찾아봐.

6 이 글을 읽고 알맞게 추론하여 말한 친구는 누구인지 쓰세요.

추론

왕이 있던 시절에도 헌법이 있었던 것으로 보아 헌법의 역사는 매우 오래되었구나.

한슬

옛날에는 왕이 나라의 일을 결정한 것으로 보아 현재와 달리 왕에게 주권이 있었어.

태환

옛날에는 신분이 높은 사람들이 나라의 일을 논의한 것으로 보아 현재와 같이 민주주의 국가였구나.

유현

(   )

7 이 글의 내용을 바탕으로 다음 상황을 바르게 이해한 것에 ◯표 하세요.

적용·창의

> 21대 국회의원 총선거의 투표율이 66.2%로 집계되었다. 이는 28년 만에 최고치를 기록한 것이다. 20대 국회의원 총선거의 투표율이 58%, 19대 국회의원 총선거의 투표율이 54.2%였다.

(1) 국회의원 총선거의 투표율이 100%가 되지 않는 것은 모든 국민이 헌법 제1조 제1항과 제2항을 실천하고 있다는 뜻이다.   (   )

(2) 21대 국회의원 총선거의 투표율이 최고치를 기록한 것으로 보아, 헌법 제1조 제1항과 제2항에 위배되는 행동을 하는 사람이 늘어나고 있음을 알 수 있다.   (   )

(3) 국회의원 총선거의 투표율이 점점 높아지고 있는 것에서 헌법 제1조 제1항과 제2항에 따라 국민으로서의 권리를 찾으려는 사람이 늘어나고 있음을 알 수 있다.   (   )

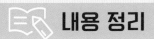

내용 정리

⭐ 빈칸에 알맞은 말을 넣어 오늘 읽은 글의 내용을 정리해 보세요.

처음	❶( )은/는 국가를 통치하는 기본 원리이며 국민의 기본권을 보장하고, 다른 것으로 대체할 수 없는 최고 법규이다.
가운데	• 대한민국 헌법 제1조 제1항 '대한민국은 ❷( )이다.' → 우리나라가 민주주의 나라임을 밝히고 있다. • 대한민국 헌법 제1조 제2항 '대한민국의 ❸( )은/는 국민에게 있고, 모든 권력은 국민으로부터 나온다.' → 우리나라에서 국가의 일을 결정할 수 있는 힘은 국민에게 있다는 것을 밝히고 있다.
끝	우리나라 국민이라면 헌법 제1조 제1항과 제2항이 가지는 상징적 의미를 기억하고 소중한 권리를 행사하기 위해 적극적으로 나서야 한다.

어휘 정리

1 다음 문장에 알맞은 낱말을 (   ) 안에서 골라 ○표 하세요.

⑴ 이 제품은 장기간 무상 수리를 (보장한다, 보충한다).

⑵ 자신이 (맡은, 맞은) 일은 최선을 다해 끝까지 마쳐야 한다.

⑶ 청소 당번이 나오지 않아서 다른 사람으로 (대처하였다, 대체하였다).

2 빈칸에 들어갈 말로 알맞은 것을 골라 ○표 하세요.

> 사고가 났을 때 　　　　　　　 바라보기만 한 사람들에 대한 원망의 목소리가 크다.

⑴　　　　뒷짐 지고　　　　　　　　　　⑵　　　　발 디디고

　　　　　（　　　）　　　　　　　　　　　　　（　　　）

강릉을 다녀와서

지난 주말에 우리 가족은 ㉠당일치기로 강릉에 다녀왔다. 생각했던 것보다 볼 것도 많고 맛있는 음식도 먹을 수 있어서 즐거운 여행이 되었다.

강릉에 도착하자마자 찾아간 곳은 경포대였다. 지금까지 경포대가 바다 이름인 줄 알았는데, 고려 시대에 세워진 *누각이라고 했다. 경포대 주변으로 경포 해수욕장과 경포호가 있었다. 바다 옆에 바로 호수가 있다는 것이 신기했다. 우리 가족은 경포 해수욕장과 경포호를 가로지르는 도로에서 2인용 자전거를 타고 경치를 즐겼다. 시원한 바닷 바람을 맞으니 숨이 트이는 기분이었다. 경포호 둘레에는 홍길동에 나오는 인물들과 이야기를 표현한 조각들이 곳곳에 놓여 있어 재미있게 구경하였다. 하늘도 푸르고 바다와 호수도 푸르러서 잠시 현실 세계를 떠나 있는 듯했다.

경포대를 나와 초당 두부 마을로 향했다. 초당 두부는 강릉의 대표적인 ㉡향토 음식이라고 할 수 있다. 조선 시대 초당 허엽이라는 사람이 처음으로 만든 두부인데, 두부를 만들 때 소금 대신 바닷물을 넣었다고 한다. 두부 맛이 좋기로 소문이 나자 허엽의 호인 초당을 따서 초당 두부라고 이름을 붙였고, 그가 살던 집 부근을 초당 마을이라고 부르게 되었다고 한다. 우리 가족은 '원조'라는 글자가 크게 쓰인 식당으로 들어가서 두부로 만든 여러 가지 음식을 시켜 먹었다. ㉢유래를 알고 먹어서였는지 음식 맛이 정말 좋았다.

밥을 먹고 향한 곳은 오죽헌이었다. 오죽헌은 신사임당과 율곡 이이가 살던 집의 이름이다. 집 뒤뜰에 까만색 대나무가 많이 자라고 있어 '까마귀 오(烏)'와 '대나무 죽(竹)'을 합쳐 오죽헌이라고 부르게 되었다고 한다. 오죽헌으로 들어가는 ㉣길목에는 쭉 뻗은 ㉤해송들이 서 있어 바닷바람을 막아 주는 듯했다. 오죽헌에서 가장 유명한 장소는 몽룡실이다. 이곳은 신사임당이 율곡을 낳기 전에 용꿈을 꾼 데에서 이름 붙여진 곳이다. 아담한 한옥이 단정한 신사임당의 모습과 닮아 있는 것 같았다. 뜰에는 600살 정도로 추정되는 '율곡매'라는 매화나무가 서 있었다. 굵게 뻗은 나뭇가지의 모습이 율곡 이이의 곧은 마음을 보여 주는 것 같았다.

우리 가족은 신사임당과 율곡 이이, 그리고 강릉의 역사에 대해 이야기를 나누며 집으로 돌아왔다. 하루 동안의 짧은 여행이었지만, 오랫동안 기억에 남을 의미 있는 날이었다.

*누각: 사방을 바라볼 수 있도록 문과 벽이 없이 다락처럼 높이 지은 집.
*호: 본명이나 자 이외에 쓰는 이름. 허물없이 쓰기 위하여 지은 이름.

1 내용 이해

이 글의 특징으로 알맞은 것은 무엇인가요? (   )

① 강릉에 대해 조사한 내용을 정리한 글이다.

② 강릉에 대해 있는 그대로의 사실만 쓴 글이다.

③ 오죽헌을 관람할 때 주의할 점을 알리는 글이다.

④ 강릉 여행을 가서 보고 듣고 느낀 것을 쓴 글이다.

⑤ 오죽헌을 보고 이야기를 상상하여 꾸며 쓴 글이다.

2 짜임

다음 빈칸에 알맞은 말을 쓰세요.

이 글은 시간의 흐름과 장소의 변화에 따라 (   ) 짜임으로 썼다.

3 내용 이해

글쓴이가 간 곳을 차례대로 정리한 것은 무엇인가요? (   )

① 오죽헌 → 초당 두부 마을 → 경포대

② 오죽헌 → 경포대 → 초당 두부 마을

③ 경포대 → 초당 두부 마을 → 오죽헌

④ 경포대 → 오죽헌 → 초당 두부 마을

⑤ 초당 두부 마을 → 오죽헌 → 경포대

4 내용 이해

글쓴이가 생각하거나 느낀 점이 <u>아닌</u> 것은 무엇인가요? (   )

① 바다 옆에 바로 호수가 있다는 것이 신기했다.

② 유래를 알고 먹어서였는지 음식 맛이 정말 좋았다.

③ 아담한 한옥이 단정한 신사임당의 모습과 닮아 있는 것 같았다.

④ 뜰에는 600살 정도로 추정되는 '율곡매'라는 매화나무가 서 있었다.

⑤ 하늘도 푸르고 바다와 호수도 푸르러서 잠시 현실 세계를 떠나 있는 듯했다.

☆ 글쓴이가 본 것에 해당하는 것을 찾아봐.

5

어휘·표현

㉠~㉤의 뜻으로 알맞지 <u>않은</u> 것은 무엇인가요? (   )

① ㉠ 당일치기: 일이 있는 바로 그날 하루에 일을 서둘러 끝냄.

② ㉡ 향토: 시골이나 고장.

③ ㉢ 유래: 사물이나 일이 사라진 까닭.

④ ㉣ 길목: 큰길에서 좁은 길로 들어가는 어귀.

⑤ ㉤ 해송: 해변에서 자라는 소나무.

☆ 각 낱말 대신 뜻을 넣어서 읽었을 때 글이 자연스럽지 않은 것을 찾아봐.

6

추론

글쓴이가 여행을 다녀와서 했을 말로 알맞은 것의 기호를 쓰세요.

> ㉮ 강릉에 가면 경포 해수욕장 말고는 갈 만한 데가 없었어.
>
> ㉯ 강릉은 놀러 오는 사람들이 먹을 만한 향토 음식이 없어서 아쉬웠어.
>
> ㉰ 오죽헌에서 신사임당과 율곡 이이에 대해 더 자세히 알 수 있어서 유익했어.

(   )

7

적용·창의

다음 관광포스터처럼 강릉을 알리는 관광포스터를 만들려고 할 때 들어갈 내용으로 알맞은 것을 모두 골라 ○표 하세요.

(1) 강릉의 향토 음식   (   )

(2) 율곡 이이의 업적   (   )

(3) 경포 해수욕장과 경포호, 경포대   (   )

(4) 신사임당을 비롯한 조선 시대의 대표 화가   (   )

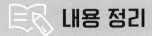

내용 정리

⭐ 빈칸에 알맞은 말을 넣어 오늘 읽은 글의 내용을 정리해 보세요.

여행 시간		지난 주말	여행 장소	❶ ( )
여행을 하며 보고 듣고 느낀 것	경포대	• 고려 시대 누각인 경포대 주변으로 경포 해수욕장과 ❷ ( ) 이/가 이어져 있었다. • 하늘도 푸르고 바다와 호수도 푸르러서 잠시 현실 세계를 떠나 있는 듯했다.		
	초당 두부 마을	• 초당 두부는 강릉의 대표적인 향토 음식이다. • 두부로 만든 여러 가지 음식을 시켜 먹었다. • 음식 맛이 정말 좋았다.		
	오죽헌	• 오죽헌은 집 뒤뜰에 까만색 대나무가 자라고 있어 붙여진 이름이다. • 아담한 한옥이 단정한 신사임당의 모습과 닮아 있는 것 같았다. • ❸ ( )은/는 율곡 이이의 곧은 마음을 보여 주는 것 같았다.		
전체적인 감상		짧은 여행이었지만, 오랫동안 기억에 남을 의미 있는 날이었다.		

어휘 정리

1 다음 문장에 알맞은 낱말을 (   ) 안에서 골라 ○표 하세요.

(1) 보통 동양 사람은 서양 사람보다 체형이 (거대한, 아담한) 편이다.

(2) 새로 발굴된 유물은 고조선 시대의 것으로 (추정되고, 추진되고) 있다.

(3) (단란한, 단정한) 교복을 입고 앉아 있는 형과 누나들의 모습이 깔끔해 보였다.

2 다음 문장에 알맞은 말을 (   ) 안에서 골라 ○표 하세요

> 아빠와 함께 산 정상에 올라 뻥 뚫린 하늘을 보니 (숨이 트였다, 숨이 막혔다).

라마의 정체는?

1 다리와 목은 말처럼 길쭉하고, 귀는 염소처럼 길고 뾰족하며, 복슬복슬한 털로 뒤덮여 있는 동물. 바로 *안데스산맥에 사는 라마이다. 동물학자들의 수많은 연구 끝에 라마가 낙타의 한 종류라는 사실이 밝혀졌다. 라마가 낙타의 한 종류임에도 불구하고 사람들은 쉽게 낙타를 떠올리지 못한다. 그 까닭은 무엇일까?

2 '낙타' 하면 등의 혹이 떠오른다. 그런데 라마는 혹이 없다. 이러한 큰 차이는 낙타와 라마가 사는 자연환경을 살펴보면 알 수 있다. 낙타는 아시아와 아프리카의 사막 지대에서 산다. 사막은 먹이를 구하기 어렵기 때문에 낙타는 먹을 수 있을 때 충분히 먹고 남은 양분을 몸에 모아 둘 필요가 있었다. 낙타가 양분을 저장해 두는 곳이 바로 낙타의 등에 있는 혹이다. 반면 라마는 남아메리카의 고원 지대에서 산다. 이 고원 지대에는 초원이나 숲이 있기 때문에 사막만큼 먹이가 부족하지는 않았다. ⟨ ㉠ ⟩ 양분을 따로 저장할 혹이 발달하지 않았다. ⟨ ㉡ ⟩ 라마는 *험한 산을 오르내려야 하기 때문에 몸이 가벼운 것이 유리했다. ⟨ ㉢ ⟩ 라마의 등에 혹이 있었다면 몸이 무거워 산을 오르내릴 때 방해가 되었을 것이다.

3 라마와 낙타는 같은 조상에 ㉣뿌리를 두고 있기 때문에 비슷한 점도 많다. 라마는 낙타처럼 윗입술 한복판이 세로로 갈라져 있고, 발가락이 두 개이다. 그리고 주로 풀을 먹고, 먹은 것을 *되새김질하는 특성도 같다. 무엇보다 라마와 낙타는 사람과 함께 살며 사람을 돕는다. 사람을 태우는 교통수단이나 물건을 실어 나르는 운송 수단 역할을 하는 것이다. 만약 라마와 낙타가 없었다면 사람들은 사막이나 고원 지대와 같은 험한 환경 속에서 물건을 운반하거나 먼 곳까지 이동하는 데 큰 어려움을 겪었을 것이다.

4 라마는 산이나 들에서 저절로 나서 자라는 동물이 아니라 사람에게 길들여진 동물인 데다가 매우 호기심이 많아서 사람에게 쉽게 접근한다고 한다. 만약 라마를 보게 된다면 겁먹지 말고 친근감을 표현해 주면 좋을 것이다.

* 안데스산맥: 남아메리카의 서쪽에 있는 세계에서 가장 긴 산맥.
* 험한: 땅의 형세가 발을 디디기 어려울 만큼 사납고 가파름.
* 되새김질: 한번 삼킨 먹이를 다시 게워 내어 씹는 것.

1 내용 이해

이 글의 특징으로 알맞은 것은 무엇인가요? (   )

① 라마와 낙타가 주인공인 이야기 글이다.

② 라마와 낙타의 공통점과 차이점을 설명하는 글이다.

③ 라마와 낙타에 대한 사람들의 생각을 중심으로 쓴 글이다.

④ 글쓴이가 라마와 낙타를 키운 경험을 바탕으로 쓴 글이다.

⑤ 라마와 낙타에 대한 글쓴이의 주장이 잘 드러나 있는 글이다.

2 짜임

❷문단의 짜임으로 알맞은 것은 무엇인가요? (   )

① 나열 짜임   ② 대조 짜임

③ 비교 짜임   ④ 순서 짜임

⑤ 문제와 해결 짜임

3 어휘·표현

문장의 호응 관계로 보아, ㉠~㉢ 중 '만약'이 들어가기에 알맞은 곳의 기호를 쓰세요.

(   )

☆ ㉠~㉢에 이어지는 문장 중에 '~다면'이 있는 것을 찾아봐.

4 어휘·표현

밑줄 친 낱말 중 ㉣과 뜻이 같은 것은 무엇인가요? (   )

① 민족의 뿌리를 찾아 역사 공부를 시작했다.

② 오래된 나무의 뿌리가 땅 밖으로 올라왔다.

③ 할아버지께서 밭에 심은 약초 뿌리를 뽑으셨다.

④ 어머니께서 도라지 뿌리를 솥에 넣고 삶으셨다.

⑤ 할머니께서는 인삼 한 뿌리도 소중하게 다루신다.

5 이 글을 읽고 추론한 사실로 알맞은 것에 ○표 하세요.

추론

(1) 라마를 만나려면 사막으로 가야겠구나. ( )

(2) 고원 지대 사람들은 라마를 타고 먼 거리를 다녔겠구나. ( )

(3) 낙타는 사람하고 친한데 라마는 사람을 무서워하는구나. ( )

(4) 라마가 가까이 다가오면 위험하니 멀리 도망가야 하는구나. ( )

6 이 글의 신뢰성을 높일 수 있는 방법을 알맞게 말한 친구는 누구인지 쓰세요.

비판

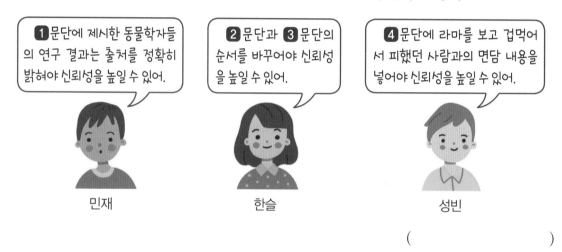

❶문단에 제시한 동물학자들의 연구 결과는 출처를 정확히 밝혀야 신뢰성을 높일 수 있어.

민재

❷문단과 ❸문단의 순서를 바꾸어야 신뢰성을 높일 수 있어.

한슬

❹문단에 라마를 보고 겁먹어서 피했던 사람과의 면담 내용을 넣어야 신뢰성을 높일 수 있어.

성빈

( )

☆ 글을 읽는 사람이 글의 내용을 더 잘 믿을 수 있게 하려면 어떻게 해야 할지 찾아봐.

7 이 글을 바탕으로 발표를 하려고 합니다. 발표 자료에 들어갈 이미지와 소제목으로 알맞은 것을 골라 ○표 하세요.

적용·창의

(1)

농사를 돕는 소

( )

(2)

짐을 나르는 라마

( )

(3)

사람을 태운 낙타

( )

내용 정리

⭐ 빈칸에 알맞은 말을 넣어 오늘 읽은 글의 내용을 정리해 보세요.

	라마	낙타
차이점	• 혹이 없다. • 남아메리카의 ❶( ) 지대에서 산다.	• 혹이 있다. • 아시아와 아프리카의 ❷( ) 지대에서 산다.
공통점	• 같은 조상에 뿌리를 두고 있다. • 윗입술 한복판이 세로로 갈라져 있고, 발가락이 두 개이다. • 주로 풀을 먹고, 먹은 것을 ❸( )한다. • 사람과 함께 살며 교통수단, 운송 수단 역할을 하며 사람을 돕는다.	

어휘 정리

1 빈칸에 알맞은 낱말을 ◦보기◦에서 찾아 쓰세요.

◦보기◦   운반한다   발달한다   험하다

(1) 산꼭대기까지 오르는 길이 멀고 (   ).

(2) 성장기에는 골격이 매우 빠르게 (   ).

(3) 일꾼들은 매일 많은 양의 물건을 창고로 (   ).

2 다음 문장에 알맞은 말을 (   ) 안에서 골라 ○표 하세요.

엄마께서 말을 잘 들으면 용돈을 올려 주신다고 해서 (귀가 번쩍 뜨였다, 귀가 얇았다).

우리의 삶을 바꾼

1 이전의 관습이나 제도, 방식 따위를 단번에 깨뜨리고 질적으로 새로운 것을 급격하게 세우는 일을 '혁명'이라고 한다. 그러니까 산업 혁명은 *생산 기술과 그에 따른 사회 조직에 큰 변화가 일어난 것을 가리킨다. 우리가 살아오는 동안 산업 혁명은 크게 세 차례에 걸쳐 일어났다. 그리고 현재는 여기저기에서 '4차 산업 혁명'이라는 말을 하고 있다. 그렇다면 산업 혁명은 언제, 어떻게 시작되고 발전되어 왔을까?

2 먼저 제1차 산업 혁명은 1760년대에 증기 기관의 발명으로 시작되었다. 이전까지는 사람이나 동물이 직접 일을 하거나 바람이나 물 등을 활용하여 일을 했지만, 증기 기관이 발명된 이후에는 증기에서 나오는 힘을 활용하여 기계를 움직일 수 있게 된 것이다. 교통이 발달하고 기계를 갖춘 공장들이 생기면서 생산량이 늘어났고, 정치와 사회에도 큰 변화가 일어났다. 산업 혁명이 시작된 영국에서는 기계 때문에 일자리를 잃은 노동자들이 기계를 부수는 '러다이트 운동'을 일으키기도 했다.

3 그 뒤 제2차 산업 혁명은 1870년대에 경공업 중심에서 중화학 공업으로 바뀌면서 일어났다. 경공업은 섬유·식품·고무 등을 생산하는 산업을 말하고, 중화학 공업은 석유·조선(배)·자동차 등 비교적 규모가 큰 상품을 생산하는 산업을 말한다. 이러한 산업 발달에 발맞추어 전기가 발명되면서 경제와 사회에 큰 변화를 일으켰다.

4 다음으로 제3차 산업 혁명은 1970년대에 시작되었는데, '정보화 혁명'이라고도 부른다. 컴퓨터의 사용과 보급으로 모든 시스템이 자동화되었고, 인터넷의 발달로 ⓒ만약 거미줄처럼 세계가 하나로 연결되었다.

5 2010년대에 들어와서 제4차 산업 혁명이라는 말이 등장하였다. 이 말은 첨단 정보 통신 기술이 합해지며 일어나는 산업 혁명을 가리킨다. 제4차 산업 혁명 시대에는 *가상 현실이나 인터넷, 인공 지능 등의 최첨단 기술이 우리의 삶을 크게 변화시킬 것이다.

6 아직은 제3차 산업 혁명이 진행 중이라는 의견도 있고, 이미 제4차 산업 혁명이 시작되었다는 의견도 있다. 또한 제4차 산업 혁명에 대한 긍정적 시각과 부정적 시각이 맞서고 있다. ⓒ그러나 산업 혁명이 늘 우리의 삶을 바꾸어 온 것은 분명하다. 따라서 우리는 제4차 산업 혁명이 몰고 올 변화에 맞서 보다 적극적인 자세로 미래 사회를 준비해야 할 것이다.

* 생산: 인간이 생활하는 데 필요한 각종 물건을 만들어 냄.
* 가상 현실: 현실이 아닌데도 실제처럼 생각하고 보이게 하는 현실.

1 주제

㉠에 들어갈 이 글의 중심 글감을 쓰세요.

(   )

2 짜임

이 글의 짜임으로 알맞은 것에 ○표 하세요.

대조 짜임	순서 짜임	비교 짜임

☆ 가운데 부분은 제1차 산업 혁명부터 제4차 산업 혁명까지 시간에 따라 설명하고 있어.

3 내용 이해

이 글의 내용으로 알맞지 <u>않은</u> 것은 무엇인가요? (   )

① 제1차 산업 혁명은 증기 기관의 발명으로 시작되었다.
② 제2차 산업 혁명이 일어나면서 '러다이트 운동'을 일으키기도 했다.
③ 제3차 산업 혁명은 컴퓨터의 사용으로 '정보화 혁명'이라고도 부른다.
④ 제3차 산업 혁명으로 인터넷이 발달해 세계가 하나로 연결될 수 있었다.
⑤ 제4차 산업 혁명으로 가상 현실이나 인터넷, 인공 지능 등이 발달할 것이다.

4 어휘·표현

㉡을 문장의 호응 관계에 맞게 고친 것은 무엇인가요? (   )

① 마치 거미줄처럼
② 비록 거미줄처럼
③ 결코 거미줄처럼
④ 전혀 거미줄처럼
⑤ 차마 거미줄처럼

5 ⓒ에 대한 설명으로 알맞은 것에 ○표 하세요.

내용 이해

(1) 사실을 객관적으로 설명하고 있다. ( )

(2) 중심 글감에 대한 글쓴이의 의견을 나타내고 있다. ( )

(3) 앞으로의 전망에 대한 여러 사람들의 찬반 의견을 정리하여 알려 주고 있다. ( )

6 ①~⑥ 중 다음 내용과 관계있는 문단의 번호를 쓰세요.

추론

> 한 궁중 요리 전문 식당에서는 인공 지능 로봇이 메뉴 안내를 하고 있다. 이 로봇은 4개 국어로 메뉴를 소개할 수 있어 외국인 관광객에게 우리나라 전통 음식을 알리는 역할도 담당한다. 또 가족이 찾아오면 사진 촬영 서비스도 제공한다.

( )

☆ 인공 지능 로봇이 등장한 산업 혁명은 몇 차인지 찾아봐.

7 다음 자료로 볼 때, 제4차 산업 혁명으로 변화될 모습을 알맞게 짐작한 것은 무엇인가요?

적용·창의

( )

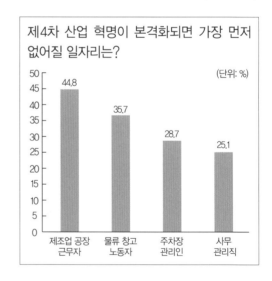

① 로봇이 할 수 있는 일이 줄어들 것이다.

② 단순 반복되는 일은 사람 대신 로봇이 하게 될 것이다.

③ 사람들이 제조업 공장에서 일하는 직업을 선호할 것이다.

④ 물류 창고나 주차장에서 일하는 로봇을 만들지 않을 것이다.

⑤ 로봇이 하지 못하는 일을 하느라 사람이 해야 할 일이 늘어날 것이다.

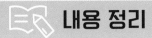

내용 정리

★ 빈칸에 알맞은 말을 넣어 오늘 읽은 글의 내용을 정리해 보세요.

처음	산업 혁명은 생산 기술과 그에 따른 사회 조직의 큰 ❶( )을/를 말한다.
가운데	• 제1차 산업 혁명은 ❷( )의 발명으로 시작되었다. • 제2차 산업 혁명은 경공업 중심에서 중화학 공업으로 바뀌면서 일어났다. • 제3차 산업 혁명은 ❸( )의 사용으로 생산하는 방법이 자동화된 것이다. • 제4차 산업 혁명은 첨단 정보 통신 기술이 합해지며 일어났다.
끝	제4차 산업 혁명이 부정적인 결과보다 긍정적인 결과를 더 많이 가져오도록 노력해야 할 때이다.

어휘 정리

1 빈칸에 알맞은 낱말을 보기 에서 찾아 쓰세요.

> ○보기○   가상   생산   자동화

(1) 중동은 대표적인 석유 (   ) 지역으로 유명하다.

(2) 이 자동차 공장은 생산 설비가 (   )되어 편리하다.

(3) 전시장에는 미래 생활을 체험할 수 있는 (   ) 현실 체험관이 꾸며져 있었다.

2 다음 밑줄 친 부분과 관계있는 말에 ○표 하세요.

> 전기가 발명되면서 경제와 사회에 <u>큰 변화를 일으켰다.</u>

(1) 바람을 잡다 (   )   (2) 바람을 일으키다 (   )

낱말 미로

앞에서 배운 낱말을 떠올려 보고, 퀴즈를 풀며 미로를 탈출해 보세요.

왕이 사는 궁궐 안을 무엇이라고 할까?

사물의 중심이 되는 가장 중요한 부분을 무엇이라고 할까?

궁중

정수

누각

명수

"헌법은 다른 것으로 ○○할 수 없어."에서 빈칸에 들어갈 말은?

대체

국가의 의사를 최종적으로 결정하는 권력을 무엇이라고 할까?

주체

기본권

주권

이 정도는 식은 죽 먹기지!

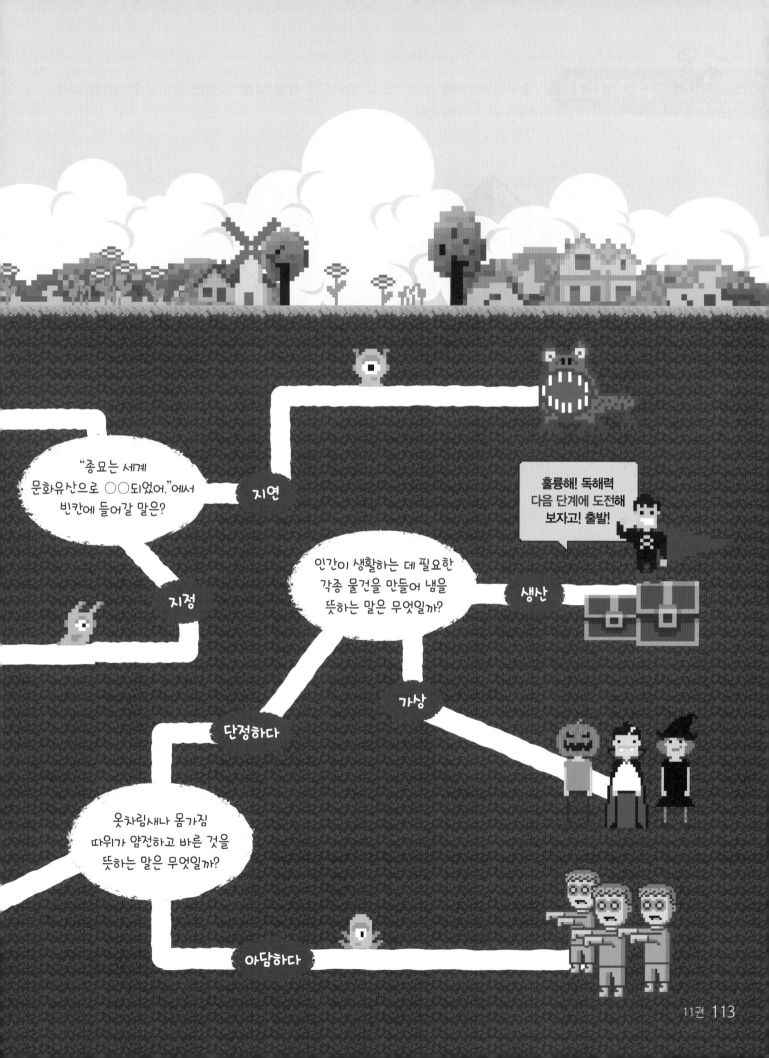

출구가 여러 개 있는 것으로 보이지만 사실 나갈 수 있는 출구는 단 하나랍니다.
어떤 문이 진짜 출구일까요?

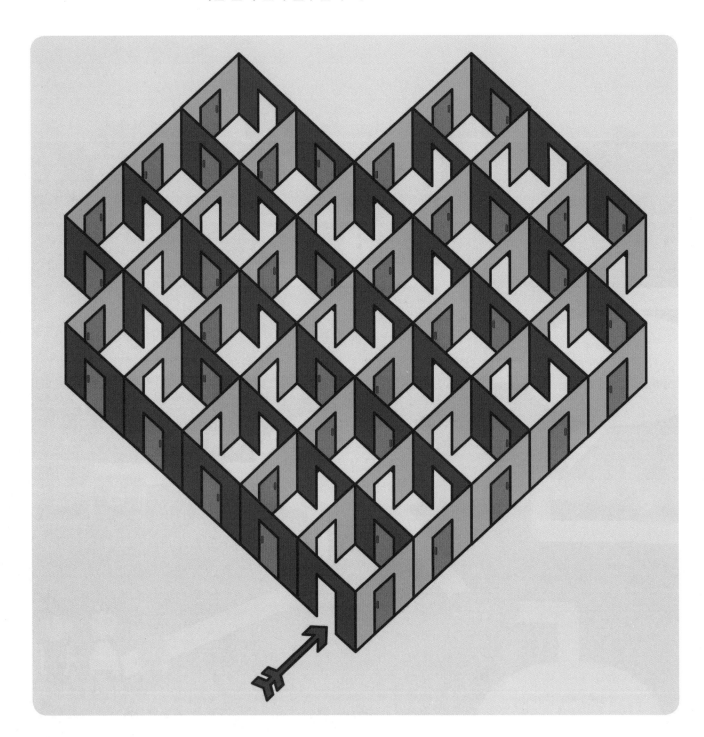

정답 및 해설 16쪽에서 확인하세요.

의견이 담긴 글

의견이 담긴 글에는 논설문, 제안하는 글, 부탁하는 글, 광고 등이 있어요. 의견이 담긴 글은 글쓴이의 의견과 그 까닭을 파악하고, 글의 짜임, 근거를 든 방법 등도 함께 파악하며 읽어야 해요. 또 내용의 타당성을 판단하거나 글쓴이의 관점을 비판해 보는 것도 좋아요.

비법 주제 >> 글쓴이의 관점 파악하기

'**관점**'은 어떤 사물이나 현상을 바라보는 태도나 생각을 말해. 같은 사물이나 현상이라도 사람마다 관점이 다를 수 있지. 글에서도 마찬가지야. 주제나 글감에 대한 글쓴이의 관점은 글에 직접 드러날 수도 있고 직접 드러나지 않을 수도 있어.

그래서 <u>글쓴이의 관점을 파악하려면 글쓴이의 생각이 드러난 부분을 살펴봐야 해.</u>

보통 '~해야 한다.'는 식으로 단호하게 표현할 때가 많아.

예시 문제 다음 중 글쓴이의 관점으로 알맞은 것을 골라 기호를 쓰세요.

> 3백여 년 동안 *만석 이상을 가진 부자였던 경주 최부자 집안은 높은 벼슬을 금하고, 너무 많은 재산을 모으지 말라는 전통을 실천했다. 그리고 나라에 안 좋은 일이 있을 때마다 재산을 바치고 어려운 이웃이 굶지 않도록 보살폈다. 또 어떤 기업가는 장학 재단을 세워 가난 때문에 학업을 이어 가기 어려운 청소년들을 돕거나 다양한 교육 문화 활동을 벌였다.
>
> 하지만 대부분의 사람들은 돈과 권력이 생기면 자신의 재산을 늘리고 권력을 이용해 화려하게 살고 싶어 한다. 부자와 가난한 사람의 격차가 점점 벌어지고 있는 현대 사회에서 앞에 나온 경주 최부자나 장학 재단을 세운 기업가처럼 진정한 *노블레스 오블리주를 실천하는 사람을 찾기 어려워지는 것이 아쉽다. <u>가진 것이 많은 사람일수록 도덕적 의무도 커져야 한다.</u>
> 글쓴이의 생각이 드러난 부분
>
> *만석: 곡식의 일만 섬을 말하는 것으로, 아주 많은 곡식을 뜻하기도 함.
> *노블레스 오블리주: 높은 사회적 위치를 가진 사람에게 요구되는 높은 수준의 도덕적 의무.

> ㉮ 노블레스 오블리주를 실천하는 사람이 많아져야 한다.
> ㉯ 현대 사회를 살아가는 사람들의 빈부 격차를 줄여야 한다.
> ㉰ 가진 것이 많은 사람에게만 노블레스 오블리주를 요구해서는 안 된다.

(   )

연습 문제 1 ㉠~㉢ 중에서 '글쓰기'에 대한 글쓴이의 관점이 드러난 부분의 기호를 쓰세요.

> ㉠글을 쓰는 과정에서 기본적으로 지켜야 할 것을 지키지 않는 경우가 종종 있다. 대표적인 예로 다른 사람의 작품을 그대로 가져다 쓰는 표절이 있다. 그리고 ㉡사실보다 지나치게 부풀려서 글을 쓰거나 사실과 다른 내용으로 글을 쓰는 경우도 있다. 또한 다른 사람에게 상처를 주는 나쁜 댓글도 그러한 예라고 할 수 있다.
>
> 　이처럼 지켜야 할 것들을 지키지 않으면서 글을 쓰는 행동은 다른 사람의 지식과 노력을 무시하고 상처를 주는 일이다. 이러한 행동을 하는 사람이 많아지면 글의 가치가 떨어지고 거짓된 사회를 만들 수 있다. ㉢보다 나은 사회를 만들기 위해 글을 쓰는 과정에서 지켜야 할 것들을 반드시 지켜야 한다.

(　　　　　　　　　　)

연습 문제 2 '임진왜란'에 대한 글쓴이의 관점이 드러난 제목으로 알맞은 것은 무엇인가요? (　　　　)

> 　임진왜란은 1592년부터 1598년까지 일본이 두 차례에 걸쳐 우리나라를 침입하여 벌인 전쟁이다. 전쟁 초반에 조선은 제대로 전쟁 준비를 하지 못했기 때문에 여기저기에서 일본 군대에 패하고 말았다. 그러나 이순신 장군이 이끄는 수군이 승리를 하고 각 지역의 의병까지 일어나 싸우면서 전세가 역전되었다. 이후 잠시 휴전을 했다 다시 일본이 쳐들어왔지만, 조선의 육군과 수군이 모두 일본을 물리치고 전쟁을 끝냈다.
>
> 　승리한 전쟁이라면 잔치를 벌여야 하는데, 전쟁이 끝났을 때 백성은 눈물을 흘리고 한숨을 지었다. 전쟁이 끝난 뒤 조선의 땅은 거칠어져 농사를 지을 수 없을 정도로 못 쓰게 된 상태였고 이미 수많은 백성이 목숨을 잃었기 때문이다. 조선 땅에서 일어난 전쟁으로 조선 사람은 힘겨운 삶을 이어 가야 했던 것이다.

① 조선이 일본을 침략한 전쟁, 임진왜란
② 도저히 막을 수 없었던 전쟁, 임진왜란
③ 조선이 완벽하게 승리한 전쟁, 임진왜란
④ 조선과 일본이 모두 승리한 전쟁, 임진왜란
⑤ 조선이 승리했지만 큰 상처를 남긴 전쟁, 임진왜란

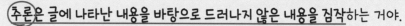

비법 추론 >> 글의 내용을 바탕으로 추론하기

추론은 글에 나타난 내용을 바탕으로 드러나지 않은 내용을 짐작하는 거야.

추론을 할 때는 먼저 글을 꼼꼼하게 읽어야 해. 추론할 만한 단서들을 찾으면서 글을 읽어야 하기 때문이야. 그리고 글의 내용과 흐름을 전체적으로 살펴야 해. 그런 다음, 내가 알고 있는 배경지식이나 경험을 이용하여 내용을 짐작하는 거지.

 다음 글을 읽고 추론할 수 있는 내용으로 알맞은 것은 무엇인가요? (   )

남극 개발을 중단해야 한다고 생각하는 까닭은 다음과 같다.
<u>글쓴이의 의견</u>

첫째, <u>남극의 개발은 심각한 온난화 현상을 일으킬 수 있다.</u> 현재도 지구 온난화는 큰 문
<u>의견에 대한 근거</u>
제가 되고 있는데, 남극 개발이 본격화되면 지구 온난화는 그 속도가 더욱 빨라질 것이다. 지구의 온도가 높아지면 해수면이 높아지고 그로 인해 사람뿐만 아니라 동물들의 삶의 터전이 줄어들게 된다. 지구의 작은 섬들이 침수되어 지구 지형이 바뀌면 생태계도 파괴될 수 있다.

둘째, <u>심각한 해양 오염을 초래할 수 있다.</u> 빙하로 둘러싸인 남극을 개발하려면 빙하를
<u>의견에 대한 근거</u>
뚫고 들어가야 하는데, 이 과정에서 석유 유출 사고의 위험성이 매우 높다. 극지방은 추운 날씨 때문에 흘러나온 기름을 제거하기가 쉽지 않다. 따라서 그 피해가 막대할 것이다. 또 한 번 오염된 바다는 원래의 상태로 돌릴 수 없어, 그로 인한 동물 멸종 및 바다 먹거리 소실 등 2차, 3차 피해가 잇따를 수 있다.

① 남극에는 석유가 매장되어 있다.
② 현재 바다 오염이 심각한 상태이다.
③ 현재 남극 개발이 중단된 상태이다.
④ 현재 남극에서 석유 유출 사고가 일어난 상태이다.
⑤ 남극을 개발하면 동물들의 삶의 터전이 늘어나게 된다.

다음 글을 읽고 추론할 수 있는 내용으로 알맞은 것에 ○표 하세요.

> 집 안에는 항상 온화한 기운이 있어야 한다. 친척들이 모일 때에나 친한 손님이 찾아오면 다정하게 맞이해서 며칠이라도 머물게 하여 그들이 만족스러운 마음을 갖게 해 주어야 한다. 예컨대 무릎을 꿇고 단정하게 앉아서 조용히 안부만 묻고는 아무런 이야기도 하지 않으며, 입을 꾹 다물고 하품이나 기지개를 하여 손님이 지루하여 일어나 가시게 하고, 손님이 가실 때에도 말리지 않고 손님을 보낼 때에도 마루 아래까지 내려가지 않는 자들이 있다. 이와 같은 자는 사람들이 따르지 않을 뿐만 아니라 반드시 평생의 복이 꺾이게 될 것이니 깊이 경계하도록 하여라.
>
> – 정약용, 『여유당전서 제1집』 중에서

(1) 온화한 기운이 없는 집에 친척들이 자주 찾아온다. ( )

(2) 조용히 안부만 묻고 입을 꾹 다물면 사람들이 잘 따르게 된다. ( )

(3) 마루 아래까지 내려가 손님을 배웅하면 손님이 만족스러운 마음을 가지게 된다.( )

다음 광고를 통해 추론할 수 있는 내용을 두 가지 고르세요. ( )

① 인종마다 주어진 권리가 다르다.

② 인종에 따라 차별을 받기도 한다.

③ 한 나라에는 하나의 인종만 살고 있다.

④ 인권은 인종과 상관없이 똑같이 주어진 것이다.

⑤ 세계 모든 사람이 똑같은 권리를 누리며 살고 있다.

 비법 비판 >> **글쓴이의 관점 비판하기**

앞서 글쓴이의 관점을 파악했다면, 이번에는 비판해 보자.

글을 읽을 때 **글쓴이의 생각과 내 생각이 비슷한지, 또는 다른 생각을 가지고 있지는 않은지 비교**하면서 읽어 보는 거야.

사물이나 현상에 대한 생각은 저마다 다를 수 있어.

그러니까 글쓴이의 생각이나 주장을 무조건 받아들이지 말고 비판하면서 읽어야 내 생각을 키울 수 있지!

예시 문제 글쓴이의 관점을 바르게 비판한 것을 골라 기호를 쓰세요.

우리나라는 근로 기준법 제64조에 따라 만15세 이상의 미성년자도 몇 가지 조건만 갖추면 아르바이트를 할 수 있다. 물론 아르바이트를 꼭 해야 하는 사정에 놓인 미성년자도 있겠지만, 근본적으로 미성년자의 아르바이트는 금지해야 한다고 생각한다.
글쓴이의 관점

우선 아르바이트를 하면 학업에 지장이 있다. 아르바이트를 하지 않는 친구들에 비해 시간적 여유가 없고, 일을 하면서 정신과 육체의 피로가 쌓여 공부를 제대로 할 수 없다.

그리고 미성년자들이 아르바이트를 할 경우 노동자로서의 권리를 보장받지 못할 위험이 있다. 미성년자는 어른들에 비해 사회 경험이 없기 때문에 부당한 지시를 받았을 때 이를 그대로 따를 가능성이 높다. 또한 자신이 일한 대가를 제대로 받지 못했을 때 이에 대응할 지식이나 능력도 부족하다.

㉮ 미성년자는 부당한 지시를 듣고 이를 거부할 능력이 있다. 따라서 글쓴이의 관점은 타당하다.

㉯ 아르바이트를 하는 미성년자가 무조건 공부를 소홀히 하는 것은 아니다. 따라서 글쓴이의 관점은 타당하지 않다.

㉰ 어릴 때부터 돈을 마음대로 쓰다 보면 돈을 계획적으로 쓰는 방법을 배우지 못할 것이다. 따라서 글쓴이의 관점은 타당하지 않다.

(   )

연습 문제 1 다음 중 글쓴이의 관점과 같은 것은 무엇인가요? (   )

> 식량 부족 문제를 해결하기 위해서 식용 곤충 산업을 발전시켜야 한다. 이를 위해 식용 곤충을 소비자의 입맛에 맞게 개발해야 한다. 또 사람들이 식용 곤충을 쉽게 접할 수 있는 행사나 캠페인을 통해 식용 곤충에 익숙해지게 해야 한다. 무엇보다 식용 곤충을 먹어도 안전하다는 확신이 들 수 있도록 국가 차원에서 여러 가지 방법으로 검증하고 알려야 한다.

① 식용 곤충은 안전성이 보장되지 않았다.
② 식용 곤충은 혐오감이 생겨 먹기가 힘들다.
③ 식용 곤충을 개발한다고 해서 식량 부족 문제가 해결되는 것은 아니다.
④ 사람들이 거부감 없이 안전하게 먹을 수 있는 식용 곤충을 개발해야 한다.
⑤ 식용 곤충을 소비자의 입맛에 맞게 개발해도 사람들이 사 먹지 않을 것이다.

연습 문제 2 다음 글쓴이와 <u>다른</u> 관점으로 말한 것에 ○표 하세요.

> 2007년 호주에서 지구촌 불 끄기 행사가 시작된 이후, 많은 나라에서 '1시간 불 끄기 운동'에 참여하고 있다. '1시간 불 끄기 운동'은 지구 환경 문제의 심각성을 알리려는 목적을 가진 캠페인이다. 우리나라도 해마  다 이 캠페인에 참여하는 단체와 개인이 늘고 있다. 그럼에도 불구하고 아직까지 환경 문제는 다른 사람의 일인 양 무관심한 사람도 많다. 비록 1시간의 불 끄기일지라도 이로 인해 온실가스와 전기 사용량이 *상당히 줄어든다고 한다. 지구를 살리고 지키기 위해 1시간 불 끄기 운동에 더 많은 사람이 참여해야 한다.
>
> *상당히: 어지간히 많이. 또는 적지 아니하게.

(1) 환경 문제에 더 많은 사람들이 관심을 가져야 해.   (   )
(2) 지구 환경 문제는 우리 모두가 함께 해결해야 하는 문제야.   (   )
(3) 겨우 1시간의 불 끄기 운동으로 환경 문제를 해결할 수는 없어.   (   )

글을 읽고 나서 주어진 내용을 이해하는 것이 기본적인 독해라면, **글의 내용을 새로운 상황에 적용하면서 읽는 것은 조금 더 고차원적인 독해**라고 할 수 있지.

구체적인 상황이나 글에 제시되지 않은 **다른 사례에 글의 내용을 적용**해 보면, 글쓴이가 전하고 싶은 의미를 깊이 이해할 수 있고, 글을 종합적으로 읽는 힘도 키울 수 있어.

예시 문제 다음 글의 글쓴이라면 ○보기○와 같은 상황에 대해 어떤 생각을 했을까요? (   )

2018년 우리나라의 장애인 수는 250만 명을 넘었다. 장애인은 생계 유지에 어려움을 겪고 일상생활을 하는 데에도 불편을 겪는다. 그럼에도 우리 사회는 여전히 장애인에 대한 배려가 부족하다. <u>장애인들이 비장애인과 동등한 대우를 받고 살아갈 수 있도록 우리 사회의</u>
글쓴이의 관점
<u>배려가 필요하다.</u>

먼저 장애인을 바라보는 사람들의 시선이 바뀌어야 한다. 단지 장애가 있다는 이유만으로 색안경을 끼고 그들을 함부로 대하는 태도를 가져서는 안 된다.

또 국가가 장애인 차별을 없애는 법과 제도를 더욱 강화해야 한다. 그들이 스스로 돈을 벌 수 있도록 일자리를 확보하고 불편함 없이 일할 수 있는 환경을 만들어 주기 위해 힘써야 한다.

○ 보기 ○ A회사는 장애인 고용법에 의해 의무적으로 장애인을 뽑았지만, 일을 시키지 않고 자리에만 앉아 있게 하였다.

① 장애인을 배려하는 마음이 큰 회사야.
② 회사에서 가급적 장애인을 뽑지 않는 것이 좋아.
③ 장애인이 일도 하지 않고 돈을 받을 테니 기분은 좋을 거야.
④ 장애인이라도 해야 할 일을 알맞게 주고 보람을 느끼게 해야 해.
⑤ 일을 시키지 않더라도 비장애인보다 장애인에게 돈을 더 많이 줘야 해.

다음 밑줄 친 글쓴이의 생각을 적용하기에 알맞은 사례는 무엇인지 기호를 쓰세요.

잘못된 방법으로 스트레스를 푸는 사람들이 있다. 예를 들어 욕을 하면서 스트레스를 푸는 것이다. 욕을 하면 듣는 사람에게 상처를 줄 수 있다. 욕은 대부분 남을 무시하거나 남에게 상처가 되는 표현이어서 누구라도 욕을 들으면 기분이 상한다. 또 욕을 자꾸 하다 보면 습관이 되어 버린다. 습관이 되면 평소 대화에서도 욕이 갑자기 튀어나오거나, 웃어른 앞에서 자신도 모르게 욕을 할 수 있다. 더구나 욕을 하다 보면 욕을 할 때의 마음이 얼굴에 나타나 험악한 인상으로 점점 변할 수 있다. 따라서 <u>다른 사람에게 피해를 주지 않으면서 자신에게 긍정적인 방향으로 스트레스를 풀어야 한다.</u>

㉮ 재원이는 스트레스를 받을 때마다 달리기를 한다.
㉯ 연우는 스트레스가 쌓일 때마다 주변에 있는 물건을 주먹으로 친다.
㉰ 지아는 스트레스를 받을 때마다 장소와 상관없이 크게 소리를 지른다.

(   )

다음 글의 내용을 적용하기에 알맞은 대상은 누구인가요? (   )

설탕을 줄여야 하는 가장 큰 이유는 당뇨병의 원인이 되기 때문이다. 당뇨병은 우리 몸의 혈당을 조절하는 기능이 약해져서 생기는 병이다. 이 병에 한 번 걸리면 치료가 어렵고 그로 인해 *합병증까지 생길 수 있다. 특히 어릴 때 소아 당뇨가 생기면 약을 먹거나 주사를 맞으며 꾸준히 관리를 해야 하기 때문에 일상생활이 불편해질 수 있다. 따라서 어른뿐 아니라 어린이들도 설탕을 과하게 먹지 않도록 주의해야 한다. 특히 탄산음료, 과일 주스, 케이크, 요구르트 등에는 설탕이 많이 들어가 있으므로 섭취를 줄여야 한다.

*합병증: 어떤 질병에 곁들여 일어나는 다른 질병.

① 잠을 많이 자지 않는 청소년
② 운동을 많이 하는 운동선수
③ 당뇨병 치료 약을 개발하는 연구원
④ 사탕과 초콜릿을 매일 먹는 어린이
⑤ 소금을 넣지 않고 음식을 만드는 요리사

고기 No! 채소 Yes!

1 건강에 대한 관심이 높아지면서 채식주의에 대한 관심도 함께 높아지고 있다. 채식주의란 고기류를 피하고 주로 채소, 과일, 해초 따위의 식물성 음식만을 먹는 식생활이 좋다고 생각하는 태도를 말한다. 우리는 앞으로 채식 위주의 식생활을 해야 한다. 왜 채식을 해야 할까?

2 첫째, 채식이 건강에 좋기 때문이다. 채식주의 식단은 비만을 예방하고, 고혈압이나 당뇨병, 심장병에 걸릴 위험을 줄여 준다. 한 연구 결과에 따르면 고기를 많이 먹는 사람보다 적게 먹는 사람이 더 오래 사는 것으로 나타났다. 이 결과를 보더라도 고기를 줄이고 채식 위주의 식사를 하는 것이 건강에 좋다는 것을 쉽게 알 수 있다.

3 둘째, 자연환경을 보호할 수 있기 때문이다. 유엔 발표에 따르면 *축산업은 환경을 파괴하는 원인 가운데 하나이다. 가축들의 배설물과 소화 기관에서 나오는 메탄가스, 숲을 태워 *목축장을 만들 때 나오는 이산화 탄소, 사료용 곡물을 재배하기 위해 사용되는 비료에서 발생하는 이산화 질소 등이 물, 흙, 공기를 모두 오염시키고 있다. 지구에서 생산되는 곡물의 3분의 1을 사료로 쓸 만큼 축산업의 규모가 커졌기 때문이다. 따라서 지구를 살리기 위해서라도 육식을 멈추고 채식을 시작해야 한다.

4 셋째, 가축들을 보호할 수 있기 때문이다. 공장식 사육장에서는 소, 돼지, 닭 등 거의 모든 가축이 움직일 수 없을 만큼 좁은 공간에서 지낸다. 살을 찌우려고 끊임없이 사료를 먹고, 새끼를 낳고, 항생제를 맞다가 짐짝처럼 *도축장으로 끌려간다. 풀밭이나 땅을 밟아 볼 수 있는 최소한의 자유도 누리지 못하고 비참하게 살다가 끔찍한 죽음을 맞이하는 것이다. 우리가 육식을 줄이면 그만큼 식용을 위해 사육되는 가축도 줄어들게 된다.

5 이처럼 채식을 하면 자신의 건강을 지킬 수 있을 뿐만 아니라 자연환경과 가축들도 보호할 수 있다. 고기 반찬이 없다고 투정을 부리기 전에 자신의 건강, 파괴되는 자연환경, 끔찍하게 죽어 가는 가축들을 우선 생각해 보자. 당장 채식주의자가 될 수 없다면, 서서히 육식을 줄이고 채식 위주의 식단으로 바꾸어 보는 것은 어떨까?

---

*축산업: 소, 돼지, 닭 등의 가축을 기르고 그 생산물을 가공하는 산업.
*목축장: 일정한 시설을 갖추어 소나 말, 양 따위를 놓아기르는 곳.
*도축장: 고기를 얻기 위하여 소나 돼지 따위의 가축을 잡아 죽이는 곳.

1

짜임

❶~❺ 중 다음에 해당하는 문단의 번호를 쓰세요.

(1) 서론: (   )

(2) 본론: (   )

(3) 결론: (   )

☆ 글쓴이의 주장을 뒷받침하는 까닭이 나타난 부분이 본론이야.

2

주제

글쓴이가 중심 글감에 대해 생각하는 태도나 방향으로 알맞은 것의 기호를 쓰세요.

⑦ 채식에 대해 긍정적인 관점으로 쓴 글이다.

⑭ 채식에 대해 부정적인 관점으로 쓴 글이다.

⑮ 채식에 대해 중립적인 관점으로 쓴 글이다.

(   )

3

내용 이해

채식을 해야 하는 이유로 알맞은 것을 모두 고르세요. (   )

① 건강에 좋기 때문이다.

② 채식이 육식보다 맛있기 때문이다.

③ 가축들을 보호할 수 있기 때문이다.

④ 자연환경을 보호할 수 있기 때문이다.

⑤ 고기보다 채소가 구하기 쉽기 때문이다.

4

내용 이해

이 글의 내용으로 맞으면 ○표, 틀리면 ×표 하세요.

(1) 채식주의 식단은 비만을 예방한다. (   )

(2) 축산업은 물, 흙, 공기를 오염시킨다. (   )

(3) 공장식 사육장은 가축들이 자유롭게 움직일 수 있을 만큼 넓다. (   )

(4) 고기를 많이 먹는 사람이 적게 먹는 사람보다 오래 산다는 연구 결과가 있다. (   )

5 이 글의 내용을 바탕으로 추론한 내용으로 알맞지 <u>않은</u> 것은 무엇인가요? (   )

① 지구에 가축이 많아질수록 환경이 더 오염될 것이다.

② 채식을 하는 사람은 병에 걸릴 가능성이 줄어들 것이다.

③ 채식을 하면 숲을 태워 목축장을 만드는 일이 줄어들 것이다.

④ 채식주의자들은 육식주의자들과 대화하는 것을 싫어할 것이다.

⑤ 육식주의자가 많아지면 끔찍한 죽음을 맞는 가축이 많아질 것이다.

6 글쓴이의 관점을 바르게 비판한 친구는 누구인지 쓰세요.

> 상우: 채식을 할수록 환경이 오염되기 때문에 채식을 하는 것은 바람직하다고 생각해.
>
> 해수: 채식을 하든 육식을 하든 환경만 보호하면 되니까 꼭 채식을 고집할 필요는 없
> 다고 생각해.
>
> 정민: 채소만 먹다가는 영양분을 골고루 섭취할 수 없어서 건강이 나빠질 수 있기 때
> 문에 채식을 무조건 좋게 볼 수는 없다고 생각해.

(   )

☆ 글쓴이의 관점을 비판할 때에는 타당한 근거를 들어야 해.

7 글쓴이가 다음 상황을 보고 보일 수 있는 반응으로 알맞은 것을 골라 ○표 하세요.

> 처음부터 채식만 하기 어려운 사람들은 우유나 치즈 같은 유제품, 닭과 오리 같은
> 가금류, 생선이나 해산물 같은 어패류를 먹으면서 채식 위주로 식사를 하는 경우가 있
> 다. 이런 사람들을 '준채식주의자'라고 부른다. 그러나 철저하게 채식만 먹는 채식주
> 의자들은 이런 사람들을 채식주의자로 인정하지 않고 비난한다.

(1) 처음부터 육식을 끊고 채식만 하는 것은 어려운 일이니까 채식 위주로 식사를 하면서 유
제품, 가금류, 어패류 등을 먹는 것 정도는 이해해 줘야 한다고 생각해. 육식보다 채식을
더 선호한다면 모두 채식주의자라고 할 수 있어.   (   )

(2) 유제품, 가금류, 어패류는 자연환경을 파괴하는 요소 중 하나가 될 수 있어. 그러니까 이
를 채소와 함께 먹는다고 해서 채식주의자로 인정할 수 없어. 채식주의자들은 자신의 건
강보다는 자연환경과 가축을 보호하겠다는 신념이 강한 사람들이어야만 해.   (   )

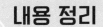

내용 정리

⭐ 빈칸에 알맞은 말을 넣어 오늘 읽은 글의 내용을 정리해 보세요.

서론	❶( )을/를 해야 한다.
본론	• 채식이 ❷( )에 좋기 때문이다. • 자연환경을 보호할 수 있기 때문이다. • ❸( )들을 보호할 수 있기 때문이다.
결론	당장 채식주의자가 될 수 없다면, 서서히 육식을 줄이고 채식 위주의 식단으로 바꾸어 보자.

어휘 정리

1 다음 문장에 알맞은 낱말을 ( ) 안에서 골라 ○표 하세요.

⑴ 아동 학대는 가정 (화목, 파괴)을/를 불러온다.

⑵ 독감에 걸리지 않게 (예방, 치료) 주사를 맞았다.

⑶ 누나가 엄마께 용돈이 적다고 (생색, 투정)을 부렸다.

2 다음 밑줄 친 말과 관계있는 표현을 ◦보기◦에서 골라 쓰세요.

◦ 보기 ◦ 입에 대다   입 밖에 내다

채식주의란 고기류를 피하고 주로 채소, 과일, 해초 따위의 식물성 음식만을 먹는 식생활이 좋다고 생각하는 태도를 말한다.

( )

⦁⦁⦁ ㉠ ⦁⦁⦁

1 현대인은 경쟁 사회 속에서 살아가고 있다. 경쟁 사회에서는 이기는 사람과 지는 사람이 있다. 그리고 이기는 사람만이 살아남아 인정을 받는다. 이러한 사회적 분위기 때문인지 실패를 두려워하는 어린이들이 늘어나고 있다.

2 어린이들이 실패를 두려워하는 까닭은 무엇보다 가정이나 학교에서 좋은 결과만 *강요받기 때문이다. 1등을 해야 칭찬 받고 100점을 받아야 칭찬 받는다. 그러다 보니 1등을 못하거나 100점을 받지 못하면 기가 꺾인다. 그리고 1등을 하지 못할까 봐, 100점을 받지 못할까 봐 다시 도전하기를 싫어한다. 즉, 실패가 두려워 도전을 포기하는 것이다.

3 하지만 실패를 두려워하면 아무것도 얻을 수 없다. 또 어려서부터 실패를 두려워하다 보면 어른이 되어서도 도전을 포기하는 사람이 될 수 있다. 피겨 여왕 김연아 선수도 어린 나이에 피겨 스케이팅을 시작했다. 반복되는 연습과 훈련으로 인해 잦은 부상에 시달리며 운동을 그만두어야 할 위기에 처하기도 했다. 하지만 그녀는 포기하지 않고 꾸준히 훈련한 끝에 마침내 세계를 *주름잡는 최고의 피겨 스케이팅 선수가 되었다. 또 아이폰을 만든 스티브 잡스는 아이디어를 낸 제품들이 계속 실패를 하는 바람에 자신이 만든 회사에서 쫓겨나기도 했다. 하지만 잡스는 그 실패에 머무르지 않고 또다시 도전하여 마침내 아이폰을 탄생시켰다. 이처럼 실패는 두려워 할 것이 아니라 이겨 내야 하는 것이다.

4 실패를 이겨 내려면 우선 실패의 원인을 찾아야 한다. 실패의 원인을 찾을 때는 어떤 과정으로 일을 했는지 꼼꼼하게 살펴야 한다. 그리고 그것을 고쳐 다른 방법으로 새롭게 도전할 수 있어야 한다. 다시 도전할 때는 목표를 확실히 정하고 그 목표를 이룰 수 있는 방법을 세세하게 계획해야 한다. 이때 실패를 잘못이라고 여기는 생각도 버려야 한다.

5 지금까지 실패를 두려워하는 까닭과 실패를 *극복하는 방법에 대해 알아보았다. 혹시라도 실패가 두려워 손을 놓은 채로 도전을 망설였는가? 실패는 많은 것을 얻을 수 있는 기회다. 두려워하지 말고 성공을 위해 다시 도전해 보자.

---

*강요받기: 억지로 어떤 일을 할 것을 요구받기.
*주름잡는: 모든 일을 자기가 하고 싶은 대로 주동이 되어 처리하는.
*극복하는: 악조건이나 고생 따위를 이겨 내는.

1

주제

㉠에 들어갈, 글쓴이의 관점이 드러난 제목으로 알맞은 것은 무엇인가요? (　　　　)

① 경쟁하지 말자

② 성공을 위한 삶을 살자

③ 경쟁 사회에서 살아남자

④ 실패를 두려워하지 말자

⑤ 도전하는 데 두려움을 갖자

☆ 글쓴이가 하고 싶은 말이 무엇인지 찾아봐.

2

내용 이해

실패를 두려워하면 안 되는 까닭으로 알맞지 <u>않은</u> 것에 ×표 하세요.

⑴ 실패를 두려워하면 아무것도 얻을 수 없기 때문이다. 　　　　　　　　　　(　　　　)

⑵ 성공하는 것보다 실패하는 것이 더 어렵기 때문이다. 　　　　　　　　　　(　　　　)

⑶ 어려서부터 실패를 두려워하다 보면 어른이 되어서도 도전을 포기하는 사람이 될 수 있

기 때문이다. 　　　　　　　　　　　　　　　　　　　　　　　　　　　　(　　　　)

3

내용 이해

실패를 이겨 낼 수 있는 방법으로 알맞지 <u>않은</u> 것은 무엇인가요? (　　　　)

① 실패의 원인을 찾아야 한다.

② 실패를 잘못이라고 생각하고 노력해야 한다.

③ 다시 도전할 때에는 목표를 확실히 정해야 한다.

④ 어떤 과정으로 일을 했는지 꼼꼼하게 살펴야 한다.

⑤ 실패의 원인을 고치고 다른 방법으로 새롭게 도전할 수 있어야 한다.

4

어휘·표현

다음 중 서로 반대의 뜻을 가진 말끼리 짝 지어진 것의 기호를 쓰세요.

㉮ 성공 – 실패　　　　㉯ 결과 – 도전　　　　㉰ 칭찬 – 인정

(　　　　　　　　)

5 이 글을 읽고 추론할 수 있는 내용으로 알맞은 것에 ○표 하세요.

(1) 실패하지 않고 한 번에 성공한 사람도 많다. ( )

(2) 경쟁에서 이기지 못하면 다시 경쟁할 기회가 없다. ( )

(3) 사회적으로 성공한 사람도 실패한 경험이 있을 수 있다. ( )

6 글쓴이의 관점과 <u>다른</u> 것의 기호를 쓰세요.

> ㉮ 실패를 반복하다 보면 자신감이 떨어지고 도전하는 재미를 느끼지 못한다. 하지만 성공을 반복하면 당당해지고 도전하는 재미를 느끼게 된다. 그래서 실패는 성공하는 데에 도움이 되지 않는다.
>
> ㉯ 실패를 하면 무엇이 잘못된 것인지 알 수 있다. 그래서 다음에 도전할 때는 같은 실수를 하지 않으려고 노력한다. 그것이 바로 경험이다. 그래서 많은 실패의 경험은 성공으로 가는 길을 더 단단하게 만들어 준다.

( )

☆ 글쓴이는 실패의 부정적인 측면보다는 긍정적인 측면을 강조하고 있어.

7 글쓴이가 정우에게 해 줄 수 있는 말은 무엇인가요? ( )

> 달리기를 잘 못하는 정우가 교내 체육 대회에서 꼭 3등 안에 들겠다는 각오로 매일 아침 일찍 등교하여 운동장에서 달리기 연습을 하였다. 그러나 체육 대회에서 6명 중 5등을 하고 말았다. 정우는 목표를 이루지 못한 것에 크게 실망하여 다시는 달리기 연습도 하지 않고 다음 시합에도 참여하지 않겠다고 하였다.

① 실패는 부끄러운 것이니 더 노력해 봐.

② 한 번 실패한 분야에서 다시 성공하기는 힘들 거야.

③ 달리기는 타고나는 것인데 노력한다고 빨라질 수 있겠니?

④ 지난번에 한 실패가 밑거름이 되어 이번에는 성공을 거둔 거야.

⑤ 목표를 이루지 못한 원인을 찾아 고쳐서 다시 도전하면 성공할 거야.

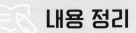 

내용 정리

⭐ 빈칸에 알맞은 말을 넣어 오늘 읽은 글의 내용을 정리해 보세요.

서론	경쟁 사회의 분위기 때문인지 ❶( )을/를 두려워하는 어린이들이 늘어나고 있다.
본론	• 어린이들이 실패를 두려워하는 까닭은 좋은 ❷( )만 강요받기 때문이다. • 실패를 두려워하면 아무것도 얻을 수 없고, 어른이 되어서도 도전을 포기하는 사람이 될 수 있다. • 실패를 이겨 내려면 실패의 ❸( )을/를 찾아 고치고 새롭게 도전해야 한다.
결론	실패는 많은 것을 얻을 수 있는 기회라고 생각하고 성공을 위해 도전을 시작하자.

어휘 정리

1 빈칸에 알맞은 낱말을 ○보기○에서 찾아 쓰세요.

> ○보기○ 강요   경쟁   극복

(1) 올해 선수상을 두고 ( )이/가 치열하다.

(2) 부모가 자식에게 너무 많은 것을 ( )하는 것은 옳지 않다.

(3) 국민이 힘을 모아 이번 수해를 잘 ( )할 수 있으면 좋겠다.

2 다음 문장에 알맞은 말을 ( ) 안에서 골라 ○표 하세요.

> 사업에 실패하신 큰아버지께서 하던 일에서 모두 (발을 끊으셨다, 손을 놓으셨다).

'건강 지키기' 시간을 만들자

최근 한 조사 결과에 의하면 우리나라 청소년의 평균 수면 시간이 경제 협력 개발 기구(OECD)에 속한 나라들의 평균 수면 시간보다 1시간 이상 부족한 것으로 나타났다. 체육 활동 시간은 일주일에 평균 2.64시간으로 조사됐으며, 아침 식사를 일주일에 이틀 이상 거르는 것으로 나타났다. 청소년의 수면과 운동, 식사는 청소년의 건강을 위해 반드시 보장되어야 할 *건강권이다. 하지만 ㉠현재 우리나라의 청소년은 일상생활에서 학업의 비중이 커서 건강권을 제대로 보장받지 못하고 있다. 그래서 청소년의 건강권을 보장하기 위해 모든 학교에 '건강 지키기' 시간을 만들 것을 제안한다.

아침에 한 시간 정도 '건강 지키기' 시간이 보장되어야 한다. 이보다 시간이 짧을 경우에는 활동이 제대로 이루어지기 힘들고, 이보다 시간이 길어질 경우에는 학생들이 해야 할 일이 늘어 부담이 될 수 있다. 따라서 '건강 지키기'는 아침에 한 시간이라는 적정한 시간 동안 이루어질 필요가 있다.

또한 '건강 지키기' 활동을 할 수 있는 장소가 마련되어야 한다. 건강 지키기 활동은 다양하게 이루어질 수 있다. 예를 들어 체력이 부족한 청소년들이 많은 경우, 체력을 키우고 성장 발달에 도움을 줄 수 있도록 가벼운 운동을 하는 시간으로 활용할 수 있다. 아침 식사를 하지 못하고 등교하는 청소년들이 많은 경우, 아침 식사나 간단한 간식을 먹는 시간으로 활용할 수 있다. 수면 시간이 부족한 청소년들이 많은 경우, 부족한 잠을 자는 시간으로 활용할 수 있다. 이러한 활동이 잘 이루어지기 위해서는 학교별로 운동 기구들을 갖춘 체력 단련실, 아침 식사를 할 수 있는 급식실, 잠을 잘 수 있는 환경을 갖춘 수면실 등이 마련되어야 한다.

마지막으로 '건강 지키기' 활동을 지도할 수 있는 전문가 선생님이 필요하다. 청소년들의 건강을 효과적으로 관리하기 위해서는 건강 관리 전문가들이 각 학교에 배치되어야 한다. 그래야 청소년의 건강 관리가 전문적으로 이루어질 수 있다.

청소년이 건강해야 미래의 국가도 건강해진다는 것은 *자명한 사실이다. '건강 지키기' 시간을 마련하여 잘 활용한다면 우리나라 청소년들은 잠시나마 공부 스트레스에서 벗어나 편안한 마음으로 건강을 지킬 수 있을 것이다.

* 건강권: 생명과 건강을 지키는 인간의 기본적인 권리.
* 자명한: 설명하거나 증명하지 않아도 저절로 알 만큼 명백한.

1 이 글의 특징으로 알맞은 것의 기호를 쓰세요.

> ㉮ 해결할 문제와 그에 대한 해결 방법을 제시하는 글이다.
>
> ㉯ 문제 상황을 해결해 나가는 과정을 순서대로 쓴 글이다.
>
> ㉰ 대상에 대해 보고 들은 사실을 객관적으로 나열하여 쓴 글이다.

(　　　　　　　　)

☆ '~을 보장하기 위해서는', '마련되어야 한다'와 같은 말이 어떤 짜임에 쓰이는지 생각해 봐.

2 ㉠을 읽고 알 수 있는 내용은 무엇인지 ○표 하세요.

문제 상황	실천 방법	제안하는 내용	제안하는 까닭

3 글쓴이의 관점을 가장 알맞게 드러낸 문장은 무엇인가요? (　　　)

① 청소년은 공부를 잘해야 한다.

② 청소년의 건강권을 보장할 필요가 있다.

③ 청소년도 어른과 똑같이 대우해야 한다.

④ 가정에서 청소년 건강에 각별히 신경 써야 한다.

⑤ 국민 모두가 자신의 건강권을 보장받기 위해 노력해야 한다.

4 글쓴이가 제안하는 내용을 실천하는 방법으로 알맞지 <u>않은</u> 것에 ×표 하세요.

(1) '건강 지키기' 활동에 참여할 청소년들을 모집한다. 　　　　　　(　　)

(2) '건강 지키기' 시간을 아침에 한 시간 정도 보장한다. 　　　　　(　　)

(3) 학교별로 '건강 지키기' 활동을 할 수 있는 장소를 마련한다. 　　　(　　)

(4) '건강 지키기' 활동을 지도할 수 있는 전문가 선생님을 각 학교에 배치한다. 　(　　)

이 글을 통해 추론할 수 있는 내용으로 알맞은 것은 무엇인가요? (   )

① 우리나라 청소년들은 다른 나라 청소년들에 비해 체력이 좋다.

② 우리나라 청소년들은 학업 시간에 비해 체육 활동 시간이 많다.

③ 우리나라 청소년들은 체력 단련실보다 수면실을 더 많이 이용한다.

④ 우리나라 청소년들은 저녁 식사보다 아침 식사를 더 잘 챙겨 먹는다.

⑤ 우리나라 청소년들은 다른 나라 청소년들에 비해 수면 시간을 보장받지 못하고 있다.

☆ 추론은 상상이 아니므로 꼭 글의 내용을 바탕으로 해야 한다는 것을 잊지 마.

6

비판

이 글을 읽고 글쓴이의 관점에 대해 바르게 판단하지 <u>못한</u> 것의 기호를 쓰세요.

> ㉮ 청소년의 건강권 보장 문제는 가정에서 해결해야 하는 문제이므로 글쓴이의 관점은 타당하다.
>
> ㉯ 학교마다 수면실, 체력 단련실, 급식실을 마련하기는 어려워 실행 가능성이 없으므로 글쓴이의 관점은 타당하지 않다.
>
> ㉰ '건강 지키기' 시간을 만들더라도 청소년 스스로 자신의 건강을 위해 쓰지 않는다면 도움이 되지 않으므로 글쓴이의 관점은 타당하지 않다.

(   )

7

적용·창의

글쓴이와 ㉠의 공통점으로 알맞은 것에 ○표 하세요.

> 2011년 게임 중독으로부터 청소년을 보호하기 위해 온라인 게임 서비스의 이용 시간을 제한하는 제도인 셧다운제가 시행되었다. 이 제도가 시행되면서 자정부터 오전 6시까지 만 16세 미만의 청소년은 온라인 게임을 할 수 없게 되었다. ㉠이 제도에 찬성하는 사람들은 이 제도를 통해 청소년들의 수면권이 보장될 것이라고 기대하였다.

(1) 청소년의 건강을 중요하게 생각한다. (   )

(2) 청소년의 운동 시간이 부족하다고 생각한다. (   )

(3) 청소년의 수면이 부족한 까닭이 게임 때문이라고 생각한다. (   )

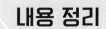

내용 정리

⭐ 빈칸에 알맞은 말을 넣어 오늘 읽은 글의 내용을 정리해 보세요.

문제 상황	우리나라의 청소년은 학업에 비중이 커서 ❶(　　　　　　　　)을/를 제대로 보장받지 못하고 있다.
해결 방법	• '건강 지키기' 시간이 ❷(　　　　　)에 한 시간 정도는 보장되어야 한다. • '건강 지키기' 활동을 할 수 있는 ❸(　　　　　)이/가 마련되어야 한다. • '건강 지키기' 활동을 지도할 수 있는 전문가 선생님이 필요하다.

어휘 정리

1 다음 문장에 알맞은 낱말을 (　　) 안에서 골라 ○표 하세요.

(1) 최신식 설비를 (갖춘 , 낮춘) 공장이 완성되었다.

(2) 운동할 시간이 (부족해서 , 충족해서) 체력이 나빠졌다.

(3) 중요한 행사가 있어서 곳곳에 경찰이 (대치되었다 , 배치되었다).

2 다음 밑줄 친 부분과 관계있는 말에 ○표 하세요.

> 청소년이 건강해야 미래의 국가도 건강해진다는 것은 <u>자명한 사실이다.</u>

(1) 척하면 삼천리 (　　　　)　　　　　　　　(2) 두말할 나위가 없다 (　　　　)

안락사를 허용해서는 안 된다

1 '안락사'라는 말을 들어 본 적이 있을 것이다. ㉠안락사란 병이 나을 가능성이 없는 환자의 고통을 덜어 주기 위하여 환자가 죽음에 이르도록 돕는 의료 행위이다. 우리나라를 비롯한 많은 나라에서 안락사를 허용하지 않고 있지만, 최근 품위 있고 존엄하게 생을 마감하는 일을 뜻하는 웰다잉(well-dying)에 대한 관심이 커지면서 안락사를 허용해야 한다는 의견이 높아지고 있다. 하지만 ㉡안락사는 *자칫 위험한 결과를 가져올 수 있기 때문에 허용해서는 안 된다.

2 첫째, 안락사는 의사가 의도적으로 환자를 죽음에 이르게 하는 살인 행위라고 할 수 있다. 실제로 미국의 잭 케보키언이라는 의사는 환자 130여 명의 안락사를 도왔다가 결국 살인죄로 감옥에 가게 되었다. 의사가 지켜야 할 *도리를 담은 히포크라테스 선서에는 '어떤 요청을 받더라도 *치명적인 의약품을 아무에게도 투여하지 않을 것'이라는 내용이 나와 있는데 이를 지키지 않았기 때문이다. 즉, ㉢아무리 환자가 원할지라도 안락사는 허용해서는 안 된다.

3 둘째, 안락사를 허용하게 되면 원하지 않더라도 어쩔 수 없이 안락사를 선택하는 환자가 생길 것이다. 신체적 고통도 힘들지만 막대한 병원비를 감당하기 어려워 *허리가 휠 지경에 이른 사람들이 가족이나 사회에 짐이 되지 않으려고 안락사를 선택하는 것이다. 이러한 ㉣안락사는 좋은 죽음이 아니라 비참한 죽음이라고 할 수 있다. 경제적인 어려움 때문에 어쩔 수 없이 생명을 포기하는 일은 일어나서는 안 된다.

4 셋째, 생명을 가볍게 여기는 분위기가 생길 것이다. 제2차 세계 대전 당시 독일의 나치가 안락사라는 명목을 내세워 수많은 장애인과 유대인을 죽였다. 이처럼 다른 사람의 생명을 빼앗는 수단으로 안락사가 사용될 위험이 있다. ㉤만약 안락사가 허용되어 점점 퍼져 나간다면 생명을 *경시하는 현상이 나타날 것은 분명하다.

5 안락사는 의도적인 살인 행위가 될 수 있고, 환자가 어쩔 수 없이 안락사를 선택할 가능성이 높으며, 생명을 가볍게 여기는 분위기가 생길 위험이 크기 때문에 허용해서는 안 된다. 죽음을 선택할 권리는 환자 자신뿐 아니라 그 누구에게도 없다.

* 자칫: 어쩌다가 조금 어긋남을 나타낼 때 쓰는 말.
* 도리: 사람이 어떤 입장에서 마땅히 행하여야 할 바른길.
* 치명적: 생명을 위협하는 것.
* 허리가 휘다: 감당하기 어려운 일을 하느라 힘이 부치다.
* 경시하는: 대수롭지 않게 보거나 업신여기는.

1 주제

이 글의 중심 낱말을 찾아 세 글자로 쓰세요.

(   )

2 주제

㉠~㉢ 중 글쓴이의 관점이 드러난 부분이 <u>아닌</u> 것은 무엇인가요? (   )

① ㉠   ② ㉡   ③ ㉢

④ ㉣   ⑤ ㉤

3 짜임

이 글의 짜임에 대한 설명으로 알맞지 <u>않은</u> 것은 무엇인가요? (   )

① **1**문단은 서론이다.

② **2**, **3**, **4**문단은 본론이다.

③ **5**문단은 결론이다.

④ 글쓴이의 생각을 비교와 대조 짜임으로 썼다.

⑤ 글쓴이의 주장과 뒷받침하는 근거로 이루어져 있다.

4 내용 이해

글쓴이가 근거를 뒷받침하기 위해 내세운 사실이 <u>아닌</u> 것에 ×표 하세요.

⑴ 독일의 나치가 안락사라는 이유로 수많은 장애인과 유대인을 죽였다.   (   )

⑵ 잭 케보키언은 환자 130여 명의 안락사를 도왔다가 감옥에 가게 되었다.   (   )

⑶ 신체적 고통이 심한 환자는 자신의 안락사를 스스로 정할 수 없는 경우가 많다. (   )

⑷ 히포크라테스 선서에서 '어떤 요청을 받더라도 치명적인 의약품을 아무에게도 투여하지

않을 것'이라는 내용이 나와 있다.   (   )

☆ 근거는 글쓴이의 주장에 대한 까닭을 이해시키기 위해 예로 들거나 설명하는 부분이야.

5 내용 이해 글쓴이가 안락사를 비참한 죽음이라고 하는 까닭은 무엇인가요? (　　　　)

① 생명을 가볍게 생각하게 했기 때문이다.

② 안락사를 도운 사람이 벌을 받기 때문이다.

③ 환자가 스스로 결정한 것이 아니기 때문이다.

④ 신체적 고통이 심할 때 생명을 포기하기 때문이다.

⑤ 환자가 경제적 어려움 때문에 어쩔 수 없이 생명을 포기할 수 있기 때문이다.

☆ ❸문단에서 글쓴이가 안락사를 비참한 죽음이라고 한 까닭을 찾아봐.

6 비판 이 글을 읽고 글쓴이의 관점에 대해 바르게 비판한 친구는 누구인지 쓰세요.

> 유경: 안락사 문제를 다른 나라에서 어떻게 해결하는지 보고 따라 하면 좋겠어.
> 한비: 누구나 죽음을 앞에 두면 살고 싶은 마음이 더 커지기 때문에 글쓴이의 의견과
> 　　는 달리 안락사는 허용되어야 해.
> 정우: 환자가 하루하루 고통 속에 사는 것이 힘들어서 안락사를 원할 수도 있으니 글
> 　　쓴이처럼 무조건 반대해서는 안 될 것 같아.

(　　　　　　　　)

7 적용·창의 글쓴이가 다음 뉴스를 보았다면 어떤 생각을 하였을지 알맞은 것에 ○표 하세요.

> 　　어제 전신 마비로 누워 있는 딸의 산소 호흡기를 떼어 내 숨지게 한 아버지가 구속
> 되었습니다. 서울에 사는 전 모 씨의 딸은 5년 전 교통사고를 당한 뒤, 산소 호흡기로
> 목숨을 이어 가고 있었습니다. 전 씨는 딸의 치료비 때문에 집까지 팔았지만 빚이 계
> 속 늘어나 남은 가족도 생활이 점점 힘들어지자 딸의 산소 호흡기를 떼어 낸 것으로
> 알려졌습니다.

(1) 어려움을 다른 사람에게 알려서 도움을 받을 수도 있지 않았을까요? 아무리 자식이라도
마음대로 딸을 안락사 시켜서는 안 된다고 생각해요. (　　　)

(2) 얼마나 살기 힘들었으면 저런 행동을 했을지 충분히 이해가 돼요. 다른 가족도 살아야 하
니까요. 안락사를 하루 빨리 허용해서 이런 일이 생기지 않았으면 좋겠어요. (　　　)

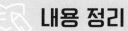

내용 정리

⭐ 빈칸에 알맞은 말을 쓰거나 ○표를 하여 오늘 읽은 글의 내용을 정리해 보세요.

서론	병이 나을 가능성이 없는 환자의 고통을 덜어 주기 위하여 환자가 죽음에 이르도록 돕는 의료 행위인 ❶( )은/는 쉽게 허용해서는 안 된다.
본론	• 안락사는 의사가 의도적으로 환자를 죽음에 이르게 하는 ❷( ) 행위이다. • 안락사를 허용하게 되면 원하지 않더라도 어쩔 수 없이 안락사를 선택하게 되는 환자가 많아질 것이다. • 생명을 ❸(중시하는, 경시하는) 분위기가 생길 것이다.
결론	안락사는 여러 가지 위험이 크기 때문에 허용해서는 안 된다.

어휘 정리

1 빈칸에 알맞은 낱말을 ○보기○에서 찾아 쓰세요.

> ○보기○   감당   도리   허용

⑴ 자식으로서 부모에게 효도를 하는 것은 당연한 (   )이다.

⑵ 생각했던 것보다 대회를 준비하는 시간이 길어 (   )이/가 안 된다.

⑶ 엄마께서 공부할 때만 자유롭게 컴퓨터 사용하는 것을 (   )해 주셨다.

2 다음 문장에 알맞은 말을 (   ) 안에서 골라 ○표 하세요.

> 어머니는 삼남매의 학비를 대느라 (허리가 휠, 무릎을 칠) 지경이라고 하셨다.

청소년에게 미용을 위한 성형 수술은 필요한가?

1 SNS가 발달하고 외모를 중요하게 생각하는 사람들이 많아지면서 아름다움을 위해 성형 수술을 하는 사람도 많아졌다. 그런데 요즘은 성인뿐만 아니라 청소년도 성형 수술을 하는 일이 *비일비재하다. 쌍꺼풀 수술처럼 간단한 수술 외에 눈, 코, 입, 얼굴 형태까지 수술로 외모를 바꾸고 싶어 하는 청소년도 적지 않다. 과연 미용을 위한 청소년의 성형 수술은 필요한 것일까? 사고나 질병으로 생긴 흉터를 없애기 위한 성형 수술이 아닌, 미용을 위한 성형 수술이라면 굳이 청소년기에 할 필요는 없다.

2 우선 청소년기에는 외모보다 내면의 아름다움을 가꾸는 것이 더 중요하기 때문이다. 사람을 판단하는 기준은 여러 가지이다. 특히 겉으로 보이는 외모보다 보이지 않는 따뜻한 마음이나 배려심, 책임감 등으로 사람을 판단할 수 있어야 한다. 청소년 시기에 미용을 위한 성형 수술을 하는 청소년은 자신뿐 아니라 다른 사람을 외모로 판단하게 될 가능성이 높고, 성인이 되어서도 외적인 아름다움에 지나치게 *치중할 수 있다.

3 둘째, 성장기에 있는 청소년에게 성형 수술은 ㉠부작용을 가져올 수 있기 때문이다. 뼈가 다 자라지 않은 상태에서 턱이나 코 부위를 수술하면 시간이 지나면서 점점 흉한 모습으로 변할 수 있다. 또 수술한 모습이 그대로 유지되지 않고 오히려 일그러질 수도 있다.

4 셋째, 성형 수술을 한 번 시작하면 또 다른 성형 수술을 하게 될 가능성이 높기 때문이다. 가끔 뉴스에서 보도되는 성형 *중독에 걸린 사람들도 처음에는 한 번만 하자는 마음으로 성형 수술을 했다가 다른 곳도 고치고 싶어지면서 계속해서 성형 수술을 하게 된 것이다. 인간의 욕심은 끝이 없다. 한 번 수술을 하면 원래 자신의 모습으로는 결코 돌아올 수 없다는 사실을 명심해야 한다.

5 청소년들은 성장이 멈추고 자신의 선택에 책임을 질 수 있는 나이가 될 때까지 성형 수술을 자제해야 한다. 진정한 아름다움은 외모로만 판단할 수 있는 것이 아니다. 너무 이른 시기에 성형 수술로 외모를 바꾸었다가 시간이 흐른 뒤 후회할 수도 있다. 외적인 아름다움에 치중하여 성형 수술을 하는 것보다 내적인 아름다움에 대한 올바른 가치관을 갖고 이를 가꾸기 위해 노력하는 것이 중요하다.

---

*비일비재: 같은 현상이나 일이 한두 번이나 한둘이 아니고 많음.
*치중: 어떠한 것에 특히 중점을 둠.
*중독: 어떤 사상이나 사물에 젖어 버려 정상적으로 사물을 판단할 수 없는 상태.

1

주제

글쓴이가 이 글을 쓴 목적은 무엇인지 빈칸에 알맞은 말을 쓰세요.

글쓴이는 청소년이 미용을 위한 (   )을/를 하는 것에 대한 부정적인 관점을 나타내기 위해 이 글을 썼다.

2

내용 이해

1~**5**문단의 중요한 내용을 바르게 정리하지 <u>못한</u> 것은 무엇인가요? (   )

① **1**문단: 미용을 위한 성형 수술을 청소년기에 할 필요는 없다.

② **2**문단: 청소년기에는 성형 수술보다 내면의 아름다움을 가꾸는 것이 더 중요하다.

③ **3**문단: 성장기에 있는 청소년에게 성형 수술은 부작용을 가져올 수 있다.

④ **4**문단: 청소년 중에서 성형 중독에 걸린 사람이 늘어나고 있다.

⑤ **5**문단: 성형 수술보다 아름다움에 대한 올바른 가치관을 갖기 위해 노력해야 한다.

3

내용 이해

성형 수술을 하는 목적이 <u>다른</u> 친구는 누구인지 쓰세요.

난 코가 너무 낮아. 조금만 높이면 배우 같아 보이지 않을까?

도훈

어릴 때 교통사고가 나서 이마를 열 바늘이나 꿰맸는데, 이 흉터를 지우고 싶어.

재원

쌍꺼풀이 생기면 지금보다 훨씬 눈이 커 보이겠지? 정말 예쁠 거 같아.

윤슬

(   )

☆ 미용에 의한 성형 수술이 아닌 것을 찾아봐.

4

어휘·표현

㉠과 바꾸어 쓸 수 있는 낱말은 무엇인가요? (   )

① 과반수   ② 반작용   ③ 부적응

④ 부적격   ⑤ 후유증

❶~❺ 중 다음 내용을 추가하기에 알맞은 문단의 번호를 쓰세요.

> 학교에서 외모로 놀리면서 친구를 따돌리는 문제도 내면의 아름다움보다 외적인 아름다움만 중요하게 여기기 때문에 일어나는 것이다.

(   )

6

추론

이 글을 통해 추론할 수 있는 내용으로 알맞은 것은 무엇인가요? (**)**

① 성인보다 청소년이 성형 수술을 더 많이 한다.

② 청소년의 성형 수술 부작용은 쉽게 고칠 수 있다.

③ 청소년의 성형 수술은 청소년의 학업에 큰 영향을 미친다.

④ 청소년들이 외적인 아름다움보다 내면의 아름다움을 소중히 여긴다.

⑤ SNS의 발달은 성인뿐 아니라 청소년들의 성형 수술을 부추기고 있다.

7

적용·창의

이 글의 내용과 다음 상황에서 공통적으로 내세울 수 있는 주장은 무엇인지 ○표 하세요.

> 6학년 ○○이는 뚱뚱하다는 이유로 친구들에게 놀림을 받자 다이어트를 시작했다. 그러나 쉽게 살이 빠지지 않자 부모님 몰래 다이어트 약까지 먹게 되었다. 점점 살은 빠졌지만 무리한 다이어트로 인해 자주 어지럽고 공부를 하고 싶은 의욕이 떨어졌다. 또한 약 때문인지 밤에 잠을 자지 못하는 일이 많아졌다.

(1) 외모의 아름다움은 노력으로 만들어지는 것이 아니다.   (   )

(2) 외모를 아름답게 만들다 보면 자연스럽게 건강해진다.   (   )

(3) 청소년 때에는 외모를 가꾸는 것보다 내면의 아름다움을 키워야 한다.   (   )

내용 정리

⭐ 빈칸에 알맞은 말을 쓰거나 ○표를 하여 오늘 읽은 글의 내용을 정리해 보세요.

서론	청소년기에 ❶( )을/를 위한 성형 수술을 할 필요는 없다.
본론	• 청소년 시기에는 성형 수술보다 ❷(외면, 내면)의 아름다움을 가꾸는 것이 더 중요하다. • 성장기에 있는 청소년에게 성형 수술은 ❸( )을/를 가져올 수 있다. • 성형 수술을 한 번 시작하면 또 다른 성형 수술을 하게 될 가능성이 높다.
결론	성형 수술보다 아름다움에 대한 올바른 가치관을 갖기 위해 노력하는 것이 중요하다.

어휘 정리

1 빈칸에 알맞은 낱말을 ◦보기◦에서 찾아 쓰세요.

◦보기◦   가치관   선택   중독

(1) 컴퓨터 게임을 너무 많이 했더니 거의 (   )이 되어 버렸다.

(2) 나는 여러 가지 경험을 더 한 다음 미래의 직업을 (   )할 것이다.

(3) 부모는 자식들이 올바른 (   )을 가질 수 있도록 도움을 주어야 한다.

2 다음 문장에 알맞은 말을 (   ) 안에서 골라 ○표 하세요.

(1) 삼촌은 어찌나 (얼굴이 두꺼운지, 코가 높은지) 툭하면 아빠께 도와 달라고 하신다.

(2) 부모님께서는 길을 건널 때 항상 주위를 살피라고 (입이 닳도록, 눈이 가매지도록) 말씀하신다.

대한 독립을 주장한 여운형의 연설

여운형

1 나에게는 독립운동이 평생의 사업입니다. 구주전란(제1차 세계 대전)이 일어났을 때 나와 우리 조선이 독립 국가로 대전에 참가하지 못하고 동양 한 모퉁이에 쭈그리고 앉아 우두커니 보고만 있는 것이 매우 유감스러웠습니다. 그러나 우리 한민족의 미래가 새로운 세계 역사의 한 페이지를 차지할 시기가 반드시 오리라고 자신했습니다. 〈중략〉

2 ㉠굶주린 자가 먹을 것을 찾고, ㉡목마른 자가 마실 것을 찾는 것은 생존을 위한 인간 자연의 원리입니다. 이것을 막을 자가 있겠습니까! 일본인에게 생존권이 있다면 우리 한민족이라고 어찌 생존권이 없겠습니까! 일본인에게 생존권이 있다는 것은 한인이 인정하는 바이요, 한인이 민족적 ㉢자각으로 자유와 평등을 요구하는 것은 신이 허락하는 바입니다. 일본 정부는 이것을 방해할 무슨 권리가 있습니까?

이제 세계는 *약소민족 해방, 부인 해방, 노동자 해방 등 세계 *개조를 부르짖고 있습니다. 이것은 일본을 포함한 세계적 운동입니다. 조선의 독립운동은 세계의 ㉣대세요, 신의 뜻이요, 한민족이 깨어 외치는 소리입니다.

새벽에 어느 집에서 닭이 울면 이웃집 닭이 따라 우는 것은, 다른 닭이 운다고 우는 것이 아니고 때가 와서 우는 것입니다. 때가 와서 생존권이 양심적으로 나타난 것이 조선의 독립운동입니다. 〈중략〉

3 평화는 형식적 ㉤단결로는 이루지 못합니다. 지금 일본이 거침없고 *능란한 말솜씨로 일본과 중국의 ㉥친선을 아무리 말하더라도 무슨 이익이 있습니까? 오직 정신적 단결이 필요한 것입니다. 우리가 모두 동양인으로서 이런 처지에 서로 시기하고 미워하는 것이 복된 일이겠습니까? 〈중략〉 우리가 꼭 전쟁을 해야만 평화를 얻을 수 있습니까? 싸우지 않고는 인류가 누릴 자유와 평화를 얻지 못하는 것입니까? 일본 ㉦인사들은 깊이 생각하기 바랍니다.

「도쿄 제국호텔 기자회견 연설」 중에서

＊약소민족: 정치적·군사적·경제적으로 힘이 약하여 다른 나라의 지배를 받는 민족.
＊해방: 구속이나 억압, 부담 따위에서 벗어나게 함.
＊개조: 조직 따위를 고쳐 다시 짬.
＊능란한: 익숙하고 솜씨가 있는.

1 　이 연설을 했을 당시의 시대 상황으로 알맞은 것은 무엇인가요? (　　　　)

추론

① 일본이 조선을 빼앗은 상황이다.

② 일본이 조선의 전쟁에서 진 상황이다.

③ 중국이 일본과 전쟁을 하여 승리한 상황이다.

④ 조선이 독립을 하여 자유와 평등을 찾은 상황이다.

⑤ 조선이 대한민국이라고 나라 이름을 바꾸고 민주 국가가 된 상황이다.

☆ 글의 곳곳에서 '독립' 또는 '독립운동'이라는 말이 나타나 있어.

2 　'독립'에 대한 여운형의 관점으로 알맞은 것의 기호를 쓰세요.

주제

⑦ 조선은 반드시 독립하여 나라를 되찾을 것이다.

⑭ 조선이 독립을 하기에는 부족한 점이 많이 있다.

⑭ 조선과 일본이 같은 나라가 되어 친하게 지내야 할 것이다.

(　　　　　　　　)

3 　이 글의 내용으로 알맞지 <u>않은</u> 것은 무엇인가요? (　　　　)

내용 이해

① 조선의 독립운동은 세계의 대세이다.

② 평화는 형식적 단결로는 이루지 못한다.

③ 조선은 독립 국가로 제1차 세계 대전에 참가하였다.

④ 일본인에게 생존권이 있듯이 한민족에게도 생존권이 있다.

⑤ 세계는 약소민족 해방, 부인 해방, 노동자 해방 등 세계 개조를 원하고 있다.

4 　㉠과 ㉡이 공통적으로 가리키는 대상은 누구인가요? (　　　　)

내용 이해

① 중국 사람　　　　　　　　　② 일본 인사

③ 모든 동양인　　　　　　　　④ 우리 한민족

⑤ 구주전란에 참가한 나라

☆ 지금 힘든 상황에 처한 민족을 찾아봐.

5 어휘·표현

ⓒ~ⓢ의 뜻으로 알맞지 <u>않은</u> 것은 무엇인가요? (   )

① ⓒ자각: 현실을 판단하여 자기의 입장이나 능력 따위를 스스로 깨달음.

② ⓔ대세: 일이 진행되어 가는 결정적인 형세.

③ ⓜ단결: 많은 사람이 마음과 힘을 한데 뭉침.

④ ⓑ친선: 몸소 가리어 뽑음.

⑤ ⓢ인사: 사회적 지위가 높거나 사회적 활동이 많은 사람.

6 비판

여운형의 관점을 타당하게 비판한 것의 기호를 쓰세요.

> ㉮ 세계적으로 개조를 부르짖는 시대였기 때문에 조선의 독립을 주장하는 관점은 타당하다고 볼 수 없어.
>
> ㉯ 모든 나라는 각각 자유와 평등을 요구할 수 있기 때문에 조선 사람으로서 일본에게 독립을 요구한 관점은 타당해.
>
> ㉰ 독립을 한다고 해서 자유와 평등을 누릴 수 있다고 보장할 수는 없기 때문에 전쟁을 해야만 평화를 얻을 수 있다는 관점은 타당하다고 생각해.

(   )

7 적용·창의

여운형과 다음 글쓴이의 공통적인 생각으로 알맞은 것에 ○표 하세요.

> 나는 우리나라가 세계에서 가장 아름다운 나라가 되기를 원한다. 가장 부강한 나라가 되기를 원하는 것은 아니다. 내가 남의 침략에 가슴이 아팠으니, 내 나라가 남을 침략하는 것을 원치 아니한다. 우리의 부는 우리 생활을 풍족히 할 만하고, 우리의 힘은 남의 침략을 막을 만하면 족하다.
>
> 김구, 「내가 원하는 우리나라」 중에서

(1) 나라가 잘 살기 위해서는 힘이 세고 돈이 많아야 한다.   (   )

(2) 다른 나라끼리 서로 침략하거나 침략당하지 않아야 한다.   (   )

(3) 우리나라가 세계에서 가장 부강한 나라가 되어야 한다.   (   )

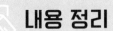 **내용 정리**

⭐ 빈칸에 알맞은 말을 넣어 오늘 읽은 글의 내용을 정리해 보세요.

글 **1**	나에게는 ❶(　　　　　　　　　　　)이/가 평생의 사업입니다.
글 **2**	• 우리 한민족이 자유와 평등을 요구하는 것을 ❷(　　　　　) 정부가 방해할 수 없습니다. • 조선의 독립운동은 ❸(　　　　　)의 대세요, 신의 뜻이요, 한민족이 깨어 외치는 소리입니다.
글 **3**	싸우지 않고 인류가 누릴 자유와 평화를 얻을 수 있도록 일본 인사들은 깊이 생각하기 바랍니다.

어휘 정리

1 빈칸에 알맞은 낱말을 〇보기〇에서 찾아 쓰세요.

> **〇보기〇**　　　　누렸다　　　　부르짖었다　　　　유감스러웠다

(1) 오늘 하려던 일을 끝내지 못해서 (　　　　　　　　　).

(2) 마을 사람들이 모여서 마을에 공장을 세우지 말라고 (　　　　　　　　　).

(3) 우리나라의 대중가요가 전 세계적으로 정상의 인기를 (　　　　　　　　　).

2 다음 밑줄 친 부분과 관계있는 말에 〇표 하세요.

> 글쓴이처럼 일제 강점기 때의 독립운동가들은 조선의 독립을 위해 <u>책임감과 부담을 가지고 있었다.</u>

(1) 어깨가 무겁다 (　　　　) 　　　　　　　(2) 어깨가 처지다 (　　　　)

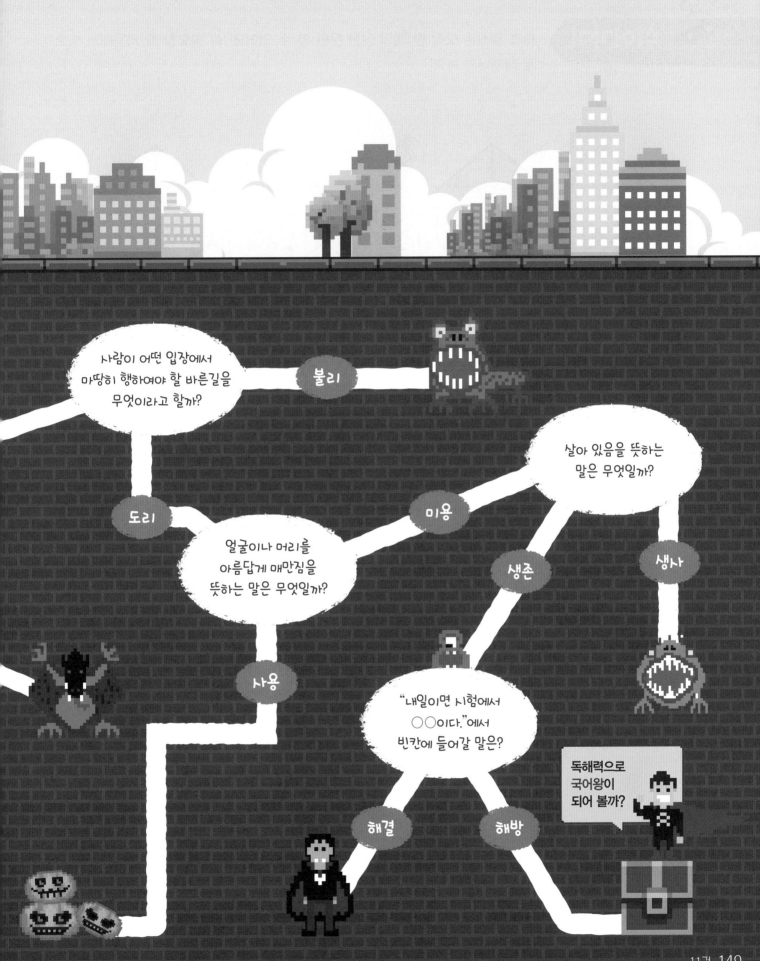

 마법 열쇠는 오직 한 개의 닫힌 문만 열 수 있어요. 꼭 필요할 때 사용해서 밖으로 빠져나가 봐요!

정답 및 해설 16쪽에서 확인하세요.

독해 비법이 담긴 기본편 을 완성하였습니다.

이제 본격 실전 문제로 실력을 키워 볼까요?
자, 실력편 으로 출발!

앗!

[정답 및 해설]이 어디 도망갔다고요?
길벗스쿨 홈페이지에 들어오세요.
도서 자료실에 딱 준비되어 있습니다!

기적의 독해력

기본편

정답 및 해설

11권

비법 1	예시	④, ④
	연습	1 바우 2 (2) ○
비법 2	예시	(1) ○
	연습	1 (1) ○ 2 ④

비법 1

연습 1 왜 남이 나비를 잡는 것을 훼방 놓느냐는 어머니의 말에 맞서 바우는 훼방 놓은 것이 아니라고 하였습니다.

연습 2 길동은 아버지가 양반이지만 어머니가 천한 종의 신분이기 때문에 홍 판서와 갈등을 겪고 있습니다.

비법 2

예시 꾀를 내어 남을 속이려다 도리어 자기가 그 꾀에 속아 넘어갈 때 '제 꾀에 제가 넘어간다'라는 속담을 씁니다.

연습 2 원한이나 고통 따위가 뼛속에 파고들 정도로 깊고 강하다는 뜻의 '뼈에 사무칠'이 들어가야 합니다.

비법 3	예시	❷
	연습	1 ② 2 결말
비법 4	예시	㉮
	연습	1 (2) × 2 ④

비법 3

예시 사건이 본격적으로 발생하고 갈등이 일어나는 부분은 ❷문단입니다.

연습 2 문기가 잘못한 일에 대해 작은아버지께 고백하면서 사건이 해결되고 있으므로 결말에 해당합니다.

비법 4

예시 제비는 추위가 점점 심해지자 죽음을 맞이합니다.

연습 1 '나'는 중학교가 멀고 버스가 다니지 않아 자전거를 배우게 되었습니다.

연습 2 전쟁 중 수류탄 쪼가리에 맞은 진수는 다리가 없어 불편하다고 말하였습니다. 이로 보아 전쟁 때문에 진수가 다리를 잃어버렸다는 것을 알 수 있습니다.

1 ② 2 피야퐁 (아저씨) 3 (3) ○ 4 열흘 후면 태국에 있는 딸의 생일이기 때문이다. 5 ②, ⑤
6 민정 7 ④

내용 정리	❶ 마트 ❷ 집 ❸ 생일
어휘 정리	1 (1) 낭패 (2) 외면한 (3) 격양된
	2 끝을 보는

1~2 피야퐁 아저씨의 딸에게 보낼 생일 선물을 사는 문제로 은호와 피야퐁 아저씨 사이에 갈등이 일어나는 부분이므로 전개에 해당합니다.

3 '가는 날이 장날'은 일을 보러 가니 공교롭게 장이 서는 날이라는 뜻으로, 어떤 일을 하려고 하는데 뜻하지 않은 일을 공교롭게 당함을 비유적으로 이르는 말입니다.

4 피야퐁 아저씨는 태국에 있는 딸의 생일이 열흘 뒤라 오늘 선물을 사서 딸에게 보내고 싶었기에 은호에게 강하게 말한 것이었습니다.

5 한국이라는 공간적 배경 때문에 한국말이 서툰 피야퐁 아저씨는 마트에서 혼자 물건을 구입하기 힘들었습니다. 그래서 은호가 도와주었어야 했습니다. 둘째 주 일요일이라는 시간적 배경 때문에 마트가 문을 닫은 것은 맞지만, 은호가 휴대 전화 게임을 할 수 있었던 것은 이와 관련이 없습니다.

6 은호가 아빠의 부탁대로 우리말이 서툰 피야퐁 아저씨를 배려하고 도와주었더라면 아저씨가 길을 잃고 헤매는 사고는 없었을 것이므로, 민정이의 생각이 알맞습니다.

7 ㉮에는 은호가 피야퐁 아저씨에게 화를 내며 한 말에 어울리는 목소리나 행동이 들어가야 하므로 눈을 크게 뜨고 몹시 화난 목소리로 말하는 것이 어울립니다.

어휘 정리

1 (2) **외면하다**: 마주치기를 꺼리어 피하거나 얼굴을 돌리다.

2 • **끝을 보다**: 일을 끝맺다.
• **손을 놓다**: 하던 일을 그만두거나 잠시 멈추다.

1 절정　2 박준기, 조충묵　3 (1) ○　(2) ×　(3) ○
(4) ×　4 ③　5 ㉒　6 한슬　7 ③

내용 정리 ❶ 주관화사　❷ 용안　❸ 상대방

어휘 정리 1 (1) 사사건건　(2) 위풍당당　(3) 터줏대감
2 (2) ○

1 이야기의 짜임 중 인물 간의 갈등이 최고조에 이르는 단계는 절정에 해당합니다.

2 박준기와 조충묵은 어진을 그리는 것을 주도할 사람이 되기 위해 갈등을 겪고 있습니다.

3 박준기는 조선 중기 무렵의 화원으로 왕의 얼굴을 그리는 주관화사로 뽑혔고, 발랄한 화풍으로 젊은 용이라 불렸습니다. (2)와 (4)는 조충묵에 대한 설명입니다.

4 '거역'은 '윗사람의 뜻이나 지시 따위를 따르지 않고 거스름.'을 뜻합니다. 따라서 '명령이나 결정 따위에 대하여 그대로 따라서 좇지 아니함.'이라는 뜻의 '불복종'과 바꾸어 쓸 수 있습니다.

5 이 글의 시간적 배경은 조선 시대였기 때문에 박준기와 조충묵은 왕의 얼굴을 그리는 일을 화가가 할 수 있는 최고의 일이라 여겼으며, 그것을 통해 서로의 능력을 인정받기 위해 선의의 경쟁을 했던 것입니다. 또한, 나이가 많은 조충묵과 어린 박준기가 경쟁을 한 것으로 보아, 그 집단에서 나이가 가장 많은 사람의 명령에 무조건 복종하지는 않았음을 알 수 있습니다.

6 박준기와 조충묵은 상대의 그림을 보고 자신의 그림이 완벽하지 않다는 깨달음을 얻었으므로, 한슬이가 이 글에 대한 생각이나 느낌을 알맞게 말하였습니다.

7 왕이 주관화사로 박준기와 조충묵을 지목한 상태이므로 도화서의 화원들이 마음대로 다른 사람을 주관화사로 뽑기는 어렵습니다.

어휘 정리

1 (2) **위풍당당**: 풍채나 기세가 위엄 있고 떳떳함.
　(3) **터줏대감**: 집단의 구성원 가운데 가장 오래된 사람을 이르는 말.

2 (1) **눈 둘 곳을 모르다**: 어리둥절하거나 어색하여 눈길을 어디에 두어야 할지 모르다.
　(2) **눈썹도 까딱하지 않다**: 아주 태연하다.

1 ㉒　2 ②　3 (1) ×　4 ㉢　5 ①　6 ⑤　7 윤슬

내용 정리 ❶ 인터폰　❷ 슬리퍼　❸ 휠체어

어휘 정리 1 (1) 염려　(2) 전갈　(3) 처신
2 피가 마르는

1 층간 소음으로 갈등이 발생하게 된 까닭은 위층과 아래층이 존재하는 '공동 주택'이라는 공간적 배경 때문입니다.

2 "난 날아다니는 나비나 파리가 아니에요. 내 집에서 맘대로 움직이지도 못하나요?"라고 말한 것으로 보아 위층 여자는 층간 소음에 대해 알고 있습니다.

3 글 **1**은 '내'가 층간 소음 때문에 위층에 사는 젊은 여자에게 전화를 걸어 항의하는 내용으로, 갈등이 커지는 부분이므로 절정에 해당합니다.

5 ① **쥐구멍을 찾다**: 부끄럽거나 난처하여 어디에라도 숨고 싶어 하다.
　② **꼬리를 감추다**: 자취를 감추다.
　③ **얼굴이 두껍다**: 부끄러움을 모르고 염치가 없다.
　④ **호박씨를 까다**: 안 그런 척 내숭을 떨다.
　⑤ **오지랖이 넓다**: 쓸데없이 지나치게 아무 일에나 참견하는 면이 있다.

6 아래층 여자는 소음의 원인이 휠체어라는 것을 알고 부끄러워하며 공동생활의 규범에 대해 타이르려던 계획을 실행하지 않았습니다. 그러므로, 갈등을 해결하는 역할을 한 것은 '휠체어'입니다.

7 이 글에서는 이웃에 대한 무관심을 비판하고 있을 뿐, 장애가 있는 사람을 차별하는 모습이 나타나 있지는 않으므로 윤슬이가 잘못 말하였습니다.

어휘 정리

1 (1) **염려**: 앞일에 대하여 여러 가지로 마음을 써서 걱정함. 또는 그런 걱정.
　(2) **전갈**: 사람을 시켜 말을 전하거나 안부를 물음. 또는 전하는 말이나 안부.
　(3) **처신**: 세상을 살아가는 데 가져야 할 몸가짐이나 행동.

2 • **피가 마르다**: 몹시 괴롭거나 애가 타다.
　• **피가 뜨겁다**: 의지나 의욕 따위가 매우 강하다.

6 DAY

34~37쪽

1 ① 2 ③ 3 (1) ○ 4 결말 5 ① 6 ②

7 성민

내용 정리 ❶ 밧줄 ❷ 고정 관념 ❸ 민들레꽃

어휘 정리 1 (1) 경고 (2) 반색 (3) 의기양양 2 (2) ○

---

1 이 글은 연극을 하기 위해 쓴 희곡입니다. 연극을 할 때에는 정해진 무대에서 표현해야 하기 때문에 시간과 공간의 제약이 있습니다.

2 글 ❶에서 형은 다시는 아우하고는 놀이를 하지 않겠다고 말하였습니다. 그리고 아우는 자신이 이겼기 때문에 형이 화를 내는 것이라고 말하였습니다.

4 결말은 사건이 해결되는 부분으로, 형과 아우가 벽을 허물자고 하면서 화해하고 무대 조명이 꺼지는 글 ❷가 결말에 해당합니다. 글 ❶은 형과 아우의 갈등이 시작되는 부분으로 전개에 해당합니다.

5 형과 아우는 둘 사이에 놓인 벽 때문에 직접 만날 수 없어서 벽 너머로 민들레꽃을 던지며 서로의 마음을 전하고 화해하려고 합니다.

6 ① 우이독경(牛耳讀經): 쇠귀에 경 읽기라는 뜻으로, 아무리 가르치고 일러 주어도 알아듣지 못함을 이르는 말.
② 이심전심(以心傳心): 마음과 마음으로 서로 뜻이 통함.
③ 전전긍긍(戰戰兢兢): 몹시 두려워서 벌벌 떨며 조심함.
④ 아전인수(我田引水): 자기 논에 물 대기라는 뜻으로, 자기에게만 이롭게 되도록 생각하거나 행동함을 이르는 말.
⑤ 이열치열(以熱治熱): 열은 열로써 다스림.

7 이 글은 형과 아우 사이의 갈등 관계를 통해 우리나라의 분단 현실을 나타내므로, 주제는 '형제간의 우애 회복' 또는 '분단에 대한 극복 의지'입니다.

어휘 정리

1 (1) 경고: 조심하거나 삼가도록 미리 주의를 줌. 또는 그 주의.
(3) 의기양양: 뜻한 바를 이루어 만족한 마음이 얼굴에 나타난 모양.

2 '발을 끊다'는 '오가지 않거나 관계를 끊다.'라는 뜻입니다. (1)은 '발이 닳다'의 뜻입니다.

---

7 DAY

42~45쪽

비법 1 **예시** ④
 연습 1 ② 2 보고 싶은 친구

비법 2 **예시** ④
 연습 1 (1) × 2 한슬

비법 1

예시 산새와 바위, 바람과 하늘의 모습을 통해, 자연의 조화로움과 서로 사랑하는 마음을 전하고 있습니다.

연습 2 보고 싶은 친구에 대한 그리움이 드러나는 시입니다.

비법 2

예시 목수들에게 고마운 마음을 드러내지는 않았습니다.

연습 1 이 시에는 봄비, 여름비, 가을비를 맞으며 단단하게 자라는 나무의 모습만 나타납니다.

---

8 DAY

46~49쪽

비법 3 **예시** ㉰
 연습 1 ② 2 하얀 꿈

비법 4 **예시** (2) ×
 연습 1 ⑤ 2 (1) ×

비법 3

예시 '부엌의 불빛'은 어머니의 무릎처럼 따뜻함을 전해 주는 것으로, 어머니의 사랑과 정성을 의미합니다.

연습 1 최후의 한 방울도 남기지 않고 타오르는 '촛불'이 헌신적인 사랑을 상징합니다.

연습 2 '눈이 덮인 마을'을 일본에 나라를 빼앗긴 우리나라라고 본다면, '하얀 꿈'은 독립을 의미한다고 볼 수 있습니다.

비법 4

예시 시 **나**는 문풍지, 가랑잎, 달빛과 대화하는 것처럼 표현하였지만, 시 **가**는 대화하는 것처럼 표현하지 않았습니다.

연습 2 두 시가 인간과 자연을 대비하여 보여 주고 있지는 않습니다.

1 ⑤ 2 항구 3 (1) ○ 4 ③ 5 ③ 6 세윤
7 (3) ○

내용 정리 ❶ 고향 ❷ 자연 ❸ 슬픈
어휘 정리 1 (1) 제철 (2) 품고 (3) 메마른 2 (2) ○

1 이 시에 산꿩, 뻐꾸기, 구름, 흰 점 꽃 등의 자연이 나오
  지만, 말하는 이와 직접 말을 주고받는 것처럼 표현한 부
  분은 없습니다.

2 2연에서 예전과 같이 알을 품는 '산꿩'과 제철에 우는 '뻐
  꾸기'는 변함없는 고향의 자연을 의미합니다. 4연의 인
  정스레 웃는 '흰 점 꽃'과 6연의 높푸른 '하늘'도 변함없는
  고향의 자연을 의미합니다. '항구'는 구름이 떠도는 곳일
  뿐 변함없는 고향을 뜻하지는 않습니다.

3 ㉠에서 흰 점 꽃을 사람처럼 인정스레 웃는다고 표현하
  였으며, (1)에서도 나무를 사람처럼 춤춘다고 표현하였습
  니다. (2)에서는 '달'을 '쟁반'에 직접 빗대어 표현하는 직
  유법을 사용하였고, (3)에서는 '눈'은 '지우개'라고 빗대어
  표현하는 은유법을 사용하였습니다.

4 어린 시절에 불던 풀피리 소리가 지금은 나지 않아 씁쓸
  한 마음을 표현하였습니다.

5 이 시는 고향에 돌아와 변함없는 고향의 모습을 바라보
  지만 자신이 마음속에 간직한 옛 고향이 아닌 것 같아 슬
  퍼하는 마음을 전하고 있습니다.

6 이 시에 말하는 이가 고향과 하나가 된 모습이나 고향의
  변한 모습을 보고 부끄러워하는 마음이 드러나지 않으므
  로 희정이와 재범이는 시의 내용을 잘못 파악하고 생각
  이나 느낌을 말하였습니다.

7 이 시와 제시된 글의 인물 모두 고향에 돌아왔지만 그곳
  에서 옛 고향처럼 편안하고 따뜻한 마음을 느끼지는 못
  하고 있습니다.

어휘 정리

1 (1) **제철**: 알맞은 시절.
  (2) **품고**: 품속에 넣거나 가슴에 대어 안고.

2 (2) **격세지감(隔 사이 뜰 격, 世 세대 세, 之 갈 지, 感 느
     낄 감)**: 오래지 않은 동안에 몰라보게 변하여 아주 다
     른 세상이 된 것 같은 느낌.

---

1 ③ 2 ② 3 ①, ② 4 ㉮ 5 ①, ⑤ 6 ⑤
7 해

내용 정리 ❶ 푸른 ❷ 몸 ❸ 풀잎
어휘 정리 1 (1) 퍽 (2) 어느덧 (3) 자꾸 2 (1) ○

1 이 시는 3연 14행으로 이루어져 있고, 중심 글감은 '풀잎'
  입니다. 부탁하는 문장이 아니라 '~요'로 끝내 친근하게
  말을 건네는 듯이 표현하였습니다. 시간의 흐름에 따른
  풀잎의 변화는 나타나지 않으며, 밝고 경쾌한 느낌을 줍
  니다.

2 리듬감은 반복되는 말에서 느껴집니다. '휘파람 소리'는 1
  연에 한 번만 나오므로 리듬감이 느껴지는 까닭으로 알
  맞지 않습니다.

3 '푸른 휘파람 소리가 나거든요'에서 '푸른'은 눈으로 보는
  것처럼 표현한 것이고, '휘파람 소리'는 귀로 듣는 것처럼
  표현한 것입니다.

4 ㉡에서 '푸른 풀잎'은 '자연'을 의미하므로, 우리의 몸과
  맘이 푸른 풀잎이 된다는 것은 우리가 자연과 하나가 된
  다는 것을 뜻합니다.

5 이 시에 나오는 '풀잎'은 순수하고 아름다운 존재로, 바람
  이 불고 소나기가 와도 몸을 통통거리는 생명력을 가지
  고 있는 존재입니다.

6 이 시에서 말하는 이는 순수하고 아름다운 풀잎을 보면
  서 풀잎과 같은 아름다움을 가지고 살고 싶어 하는 마음
  을 전하고 있습니다.

7 제시된 시는 여러 가지 어려움 속에서도 강인한 힘과 희
  망을 가지고 살아가고 싶어 하는 마음을 전하고 있습니
  다. 어둠을 살라 먹을 수 있는 '해'는 말하는 이가 솟아오
  르기를 바라는 대상으로 풀잎과 같이 강한 생명력을 지
  닌 존재입니다.

어휘 정리

1 (2) **어느덧**: 어느 사이인지도 모르는 동안에.
  (3) **자꾸**: 여러 번 반복하거나 끊임없이 계속하여.

2 (1) **입에 붙다**: 아주 익숙하여 버릇이 되다.
  (2) **귀가 따갑다**: 소리가 날카롭고 커서 듣기가 괴롭다.

DAY

62~65쪽

비법 1	예시	⑤
	연습	1 (2) ○ 2 ④
비법 2	예시	ⓒ
	연습	1 (3) ○ 2 ④

비법 1

예시 이 글은 '오케스트라'의 뜻과 유래, 쓰이는 악기, 종류 등 오케스트라의 여러 가지 특징에 대해 설명하고 있습니다.

연습 1 소크라테스가 실제로 한 일을 바탕으로 쓴 글입니다.

연습 2 우주 엘리베이터는 아직 만들어지지 않아 실제로 관찰할 수 없습니다.

비법 2

예시 ⓒ은 '결코 삶의 질이 보장되지 않는다'로 고쳐야 합니다.

연습 2 '없을지라도'와 호응하는 말은 '비록'입니다.

DAY

66~69쪽

비법 3	예시	㉮
	연습	1 ③ 2 (2) ○
비법 4	예시	①
	연습	1 ③ 2 ㉮

비법 3

예시 순서대로 장소를 이동하면서 보고 듣고 느낀 점을 썼습니다.

연습 1 이 글에서는 '첫째, 둘째, 셋째, 마지막으로'와 같은 말을 사용하여 컬링의 장점 네 가지를 나열하고 있습니다.

연습 2 함흥냉면과 평양냉면의 공통점과 차이점을 설명하고 있으므로 비교와 대조 짜임입니다.

비법 4

예시 주어진 도표를 통해 독서를 하기 어려운 까닭을 파악할 수 있는데, 가격이 비싸다는 내용은 찾을 수 없습니다.

연습 1 환경 오염 시설물을 설치하지 못하게 하는 문구인 '쓰레기 처리장 건립 결사 반대'가 가장 알맞습니다.

연습 2 기사의 내용은 우리나라 합계 출산율이 역대 최저치를 기록했다는 내용이므로, ㉮가 알맞습니다.

DAY

70~73쪽

1 (1) ○   2 ③, ④   3 픽토그램   4 ④   5 ㉮
6 ③   7 (2) ○

내용 정리	❶ 픽토그램 ❷ 알아볼 ❸ 공공장소
어휘 정리	1 (1) 상징하는 (2) 가리키는 (3) 공감하는
	2 눈에 띄게

1 이 글은 '처음-가운데-끝'의 구조로 되어 있습니다. ❶ 문단은 처음 부분이고, ❷~❹문단은 가운데 부분이며, ❺문단이 끝부분입니다.

2 이 글은 픽토그램의 장점과 관련된 정보를 전달하는 글로, 글의 제목이 곧 중심 내용입니다. 글쓴이의 의견이나 픽토그램에 대한 문제점은 나타나 있지 않습니다. ㉠에 픽토그램을 시각 자료로 제시하고 있습니다.

4 ⓒ의 뒤에 나오는 '사람일지라도'와 호응을 이루는 낱말은 '비록'입니다. '결코 ~않다', '마치 ~처럼', '만약 ~라(하)면', '반드시 ~해야 한다'와 같이 써야 호응 관계가 알맞습니다.

5 ❷~❹문단은 픽토그램의 장점을 늘어놓으며 설명한 부분으로, '첫째', '둘째', '셋째'라는 말을 통해 나열 짜임이라는 것을 알 수 있습니다.

6 이 글에서 픽토그램이 언제 처음 만들어졌는지를 설명하지는 않았으므로 한비는 잘못 말하였습니다.

7 픽토그램은 문자 없이도 누구나 쉽게 그림이 뜻하는 내용을 알아볼 수 있고, 주로 공공장소나 공공시설을 알려 주기 위해 사용합니다. 그러나 주어진 그림 자료는 하나의 캐릭터로 그 내용이 무엇을 뜻하는지 누구나 알기는 어렵습니다.

어휘 정리

1 (2) **가리키다**: 손가락 따위로 어떤 방향이나 대상을 집어 서 보이거나 말하거나 알리다.
   (3) **공감하다**: 남의 감정, 의견, 주장 따위에 대하여 자기 도 그렇다고 느끼다.

2 • **눈에 띄다**: 두드러지게 드러나다.
   • **눈 밖에 나다**: 신임을 잃고 미움을 받게 되다.

1 (2) ✕   2 순서 짜임   3 ①, ③   4 ④   5 ㉣
6 ①   7 (3) ○

내용 정리   ❶ 공유   ❷ 흙   ❸ 어린이
어휘 정리   1 (1) 허름한   (2) 초청되었다   (3) 선발되어
2 세상을 떠나다

1 ㉠은 제목이므로, 정기용의 삶을 압축적으로 제시한 내용이 들어가야 합니다. 정기용은 사람을 위한 공간을 만들고, 더불어 사는 삶을 실천하면서 사람과 소통하는 건물을 만들었습니다. 그러나 멋을 위한 건축을 하지는 않았으므로, (2)는 알맞지 않습니다.

2 이 글은 정기용이 대학교를 졸업한 후에 1972년에 파리로 떠나 공부를 한 일, 1986년에 한국으로 돌아와 여러 가지 건물을 건축한 일, 2011년에 세상을 떠날 때까지 있었던 일을 시간의 흐름에 따라 썼습니다. 따라서 이 글은 순서 짜임으로 쓴 글입니다.

3 이 글은 정기용이라는 실제 인물이 한 일을 중심으로 쓴 글입니다. 따라서 정기용의 일생을 사실대로 썼습니다. 그리고 흙으로 지은 마을 회관, 면사무소 안에 지은 공중목욕탕, 어린이를 위해 지은 기적의 도서관 등의 업적이 잘 드러나 있습니다.

4 정기용은 평생 다른 사람들을 위한 건물을 지었지만 정작 자신의 집은 짓지 못하고, 허름한 다세대 주택에 월세로 살았다고 하였습니다.

5 정기용이 면사무소에 공중목욕탕을 만든 것은 사람에게 필요한 공간, 사람을 위한 공간을 최우선으로 생각했기에 가능한 일이었습니다.

7 정기용은 환경을 해치지 않고 자연과 함께하는 건축을 추구했습니다. 따라서 들판의 나무들을 베고 어린이 도서관을 지으려고 하는 건축가를 보았을 때 (3)과 같이 생각할 것입니다.

어휘 정리

1 (2) **초청되다**: 사람이 청하여져 불리다.
   (3) **선발되다**: 많은 가운데서 골라져 뽑히다.

2 (1) **꼬리를 감추다**: 자취를 감추다.
   (2) **세상을 떠나다**: '죽다'를 완곡하게 이르는 말.

1 ②   2 (4) ✕   3 ②, ④, ⑤   4 만약   5 ❸   6 ③
7 (2) ○

내용 정리   ❶ SNS   ❷ 관심   ❸ 여론
어휘 정리   1 (1) 제공   (2) 교류   (3) 신상
2 날개가 돋친 듯이

1 이 글의 중심 내용인 SNS를 사용하는 까닭이 잘 드러난 「SNS를 왜 사용할까?」가 제목으로 알맞습니다.

2 ❺문단은 SNS를 사용하는 세 번째 까닭에 대해 설명한 부분으로, 글의 가운데 부분에 해당합니다.

3 SNS를 사용하는 까닭 중 ②는 ❸문단, ④는 ❺문단, ⑤는 ❹문단에 나타나 있습니다.

4 ㉡의 뒷부분에 '게시한다면'이라는 말이 나와 있으므로, 이와 호응할 수 있도록 '만약'을 넣어야 알맞습니다.

5 SNS를 통해 친구를 사귀어 힘든 시간을 이겨 낸 사례이므로, SNS가 친구를 사귀기 좋은 수단이라는 내용이 있는 ❸문단에 들어가야 알맞습니다.

6 SNS를 통해 정보를 빠르게 공유할 수 있으므로, 정보를 빠르게 공유하고 싶은 사람은 SNS를 적극적으로 사용할 것이므로 ③은 알맞지 않습니다. SNS를 통해 여론을 형성할 수 있고, 다른 나라 사람들과 소통할 수 있으므로 ①과 ④는 알맞습니다. SNS는 인터넷이 발전하면서 급속히 성장했다고 하였으므로 ②도 알맞습니다. 또한, SNS는 개인 정보가 공유되기 쉬우므로 ⑤와 같이 추론할 수 있습니다.

7 제시된 뉴스의 내용은 많은 사람이 SNS를 통해 어린이 보호 구역 내 안전 운전에 대한 자신의 의견을 내세웠고, 결국 의견이 받아들여져 새로운 법을 만들게 되었다는 것입니다. 이처럼 SNS는 여론을 형성하여 사회 문제를 해결할 수도 있습니다.

어휘 정리

1 (1) **제공**: 무엇을 내주거나 갖다 바침.
   (2) **교류**: 문화나 사상 따위가 서로 통함.

2 • **날개가 돋치다**: 상품이 시세를 만나 빠른 속도로 팔려 나가다.
   • **가시가 돋치다**: 공격의 의도나 불평불만이 있다는 뜻을 강조하여 이르는 말.

1 (2) ○   2 ③   3 ㉮   4 ③, ⑤   5 ④   6 민재
7 ④

내용 정리 ❶ 풍속화   ❷ 서민   ❸ 양반
어휘 정리 1 (1) 섬세하여   (2) 친근한   (3) 익살스러워
          2 (1) ○

1 이 글은 풍속화가 김홍도와 신윤복의 그림을 전시한 전시회를 다녀와서 김홍도와 신윤복 그림의 특징과 전시회를 다녀온 뒤의 감상을 쓴 글입니다.

2 그림을 감상하며 글쓴이가 생각하거나 느낀 점을 표현하고 있습니다.

3 ㉠은 김홍도와 신윤복이 그린 그림에 어떤 공통점과 차이점이 있는지 설명한 부분입니다. 그러므로 비교와 대조 짜임으로 쓴 부분입니다.

4 ③, ⑤는 김홍도가 그린 그림의 특징입니다. 그리고 ①, ②, ④는 신윤복이 그린 그림의 특징입니다.

5 '만약'은 '~라면'과 호응을 이루고, '비록'은 '~일지라도'와 호응을 이룹니다. 따라서 '만약'을 '비록'으로 고쳐야 비록 김홍도와 신윤복에 대해 모든 것을 알 수 '없을지라도'와 같이 호응을 이룹니다.

6 김홍도의 그림은 배경이 거의 없고 색도 칠하지 않았다는 것에서 소박하고 간략한 특징이 있다는 것을 추론할 수 있습니다. 그리고 신윤복의 그림은 배경이 자세하고 여러 가지 색을 칠했다는 것에서 섬세하면서도 또렷한 특징이 있다는 것을 추론할 수 있습니다.

7 김홍도는 주로 서민의 삶을 재미있고 생생하게 표현한 그림을 그렸습니다. 이러한 특징은 「씨름」에도 잘 나타나 있습니다.

어휘 정리

1 (1) **섬세하다**: 곱고 가늘다.
  (2) **친근하다**: 친하여 익숙하고 허물이 없다.

2 (1) **어깨를 견주다**: 서로 비슷한 지위나 힘을 가지다.
  (2) **어깨가 가볍다**: 무거운 책임에서 벗어나거나 그 책임을 덜어 마음이 홀가분하다.
  (3) **어깨가 움츠러들다**: 떳떳하지 못하거나 창피하고 부끄러운 기분을 느끼다.

---

1 ㉠   2 ①   3 ①   4 ③   5 **5**   6 준영
7 (2) ○

내용 정리 ❶ 정수   ❷ 12(열두)   ❸ 낮것상
어휘 정리 1 (1) 마련   (2) 정수   (3) 대접
          2 진수성찬

1 이 글은 나열 짜임으로, '첫째, 둘째, 셋째'와 같은 말을 사용하였습니다.

2 평소에 낮것상은 미음이나 죽처럼 소화되기 쉬운 음식 또는 간단한 다과상을 차려서 올립니다. 장국상은 왕가의 친척이나 손님이 방문했을 때 대접하는 궁중 음식입니다.

3 '먹을 수 없는'과 어울리려면 '결코'가 들어가야 합니다.

4 ㉤과 ③에 쓰인 '물리다'는 '사람이나 물건 따위를 다른 자리로 옮겨 가게 하거나 옮겨 놓다.'라는 뜻입니다. ①은 '벌레에게 주둥이 끝으로 살이 찔린다.'는 뜻, ②는 '윗니와 아랫니 사이에 끼인 상태로 세게 눌린다.'는 뜻, ④는 '사거나 바꾼 물건을 도로 주고 돈이나 물건을 되찾는다.'는 뜻, ⑤는 '몹시 싫증이 난다.'는 뜻으로 쓰였습니다.

5 **5**문단에서 현대 사회에서 우리 고유의 궁중 음식을 연구하고 발전시킬 필요가 있다는 생각을 밝히고 있습니다.

6 준영이는 **5**문단에 나타난 글쓴이의 생각과 비슷한 생각을 말하였습니다.

7 설문 조사 내용을 보면 한국을 관광한 외국인이 가장 선호하는 한국 문화는 한국 음식임을 알 수 있고, 한국 음식 중에서 김치와 비빔밥을 많이 먹어 본다는 것을 알 수 있습니다. 따라서 이를 바탕으로 (2)와 같이 생각할 수 있습니다.

어휘 정리

1 (1) **마련**: 헤아려서 갖춤.
  (2) **정수**: 사물의 중심이 되는 가장 중요한 부분.
  (3) **대접**: 음식을 차려 접대함.

2 • **진수성찬**(珍 보배 진, 羞 받칠 수, 盛 담을 성, 饌 반찬 찬): 푸짐하게 잘 차린 맛있는 음식.
  • **만수무강**(萬 일만 만, 壽 목숨 수, 無 없을 무, 疆 지경 강): 아무런 탈 없이 아주 오래 삶.

18 DAY

1 ②   2 ㉮   3 ⑤   4 ①   5 ④   6 연준   7 ④

내용 정리   ❶ 제사   ❷ 영녕전   ❸ 칠사당

어휘 정리   1 (1) 귀중한   (2) 지정된   (3) 엄숙한

          2 손가락 안에 꼽히는

1 이 글은 종묘를 다녀와서 쓴 글로, 중심 글감은 '종묘'입니다.

2 '먼저 들른 곳은', '다음으로 간 곳은', '그 뒤에는'과 같은 말로 보아 종묘에서 둘러본 건물들을 순서 짜임으로 설명하였습니다.

3 이 글은 종묘에서 직접 보고 들은 것을 중심으로 쓴 글입니다.

4 글쓴이는 종묘에서 제사를 지내는 곳인 '정전', '영녕전', '공신당', '칠사당'을 차례대로 둘러보았습니다. '재궁'은 글쓴이가 간 곳이 아닙니다.

5 '결코'는 '아니다', '못하다', '없다'와 호응을 이루는 말입니다. 따라서 '잊을'을 '잊지 못할'로 고쳐 써야 자연스러운 문장이 됩니다.

6 종묘를 궁궐처럼 화려하게 짓지 않은 것은 조상을 기리기 위한 곳이기 때문이지, 왕들이 자신이 사는 궁궐만 화려하게 만들고 싶었기 때문이 아닙니다.

7 ❸문단에서 영녕전의 가운데 4칸의 방은 좌우보다 지붕이 높은데, 이곳에는 태조 이성계의 4대 조상이 모셔져 있다고 하였습니다. 따라서 가운데에 있는, 다른 곳보다 지붕이 높은 ㉯에 이성계의 4대 조상이 모셔져 있을 것입니다.

어휘 정리

1 (1) **귀중하다:** 귀하고 중요하다.
   (2) **지정되다:** 관공서, 학교, 회사, 개인 등으로부터 어떤 것에 특정한 자격이 주어지다.
   (3) **엄숙하다:** 분위기나 의식 따위가 장엄하고 정숙하다.

2 • **손가락 안에 꼽히다:** 어떤 단체나 무리 중에서 몇 되지 아니하게 특별하다.
   • **손가락 하나 까딱 않다:** 아무 일도 안 하고 뻔뻔하게 놀고만 있음을 비난조로 이르는 말.

19 DAY

1 ⑤   2 (2) ○   3 ③   4 국민, 민주주의   5 ⑤

6 태환   7 (3) ○

내용 정리   ❶ 헌법   ❷ 민주공화국   ❸ 주권

어휘 정리   1 (1) 보장한다   (2) 맡은   (3) 대체하였다

          2 (1) ○

1 이 글은 대한민국 헌법의 주요 조항에 어떤 의미가 있는지 설명하는 글입니다.

2 이 글은 '대한민국 헌법의 의미'라는 주제에 대해 제1조 1항과 2항의 의미를 설명한 나열 짜임입니다.

3 헌법은 국가를 통치하는 기본 원리이며 국민의 기본권을 보장하고 다른 것으로 대체할 수 없는 최고 법규입니다.

4 대한민국 헌법 제1조 제1항과 제2항에서는 대한민국의 주인은 국민이고, 대한민국 국민이라면 누구나 국가의 일을 결정할 수 있는 민주주의 국가임을 분명하게 밝히고 있습니다.

5 '주권'은 국가의 의사를 최종적으로 결정하는 권력을 말합니다. 그런데 옛날에는 왕이 나라의 일을 결정한다고 하였으므로, 왕에게 주권이 있었다는 것을 추론할 수 있습니다. 옛날 왕이 있던 시절에는 헌법이 없었고, 민주주의 국가도 아니었으므로, 한슬이와 유현이의 추론은 알맞지 않습니다.

7 국회의원 총선거의 투표율이 높아지고 있다는 것은 헌법 제1조 제1항과 제2항에서 보장하고 있는 권리를 행사하는 국민들이 많아졌다는 것을 의미합니다. 그러나 아직 투표율이 100%는 아니므로, 민주주의 국가에서 보장되는 투표권을 아직 행사하지 않는 국민들이 있다는 것을 알 수 있습니다.

어휘 정리

1 (1) **보장하다:** 어떤 일이 어려움 없이 이루어지도록 조건을 마련하여 보증하거나 보호하다.
   (2) **맡다:** 어떤 일에 대한 책임을 지고 담당하다.
   (3) **대체하다:** 다른 것으로 대신하다.

2 (1) **뒷짐 지다:** 어떤 일에 자신은 전혀 상관없는 것처럼 구경만 하고 있다.
   (3) **발 디디다:** 단체에 들어가거나 일의 계통에 참여하다.

1 ④   2 순서   3 ③   4 ④   5 ③   6 ㉰   7 (1) ○
(3) ○

내용 정리   ❶ 강릉   ❷ 경포호   ❸ 율곡매

어휘 정리   1 (1) 아담한   (2) 추정되고   (3) 단정한
2 숨이 트였다

1 이 글은 강릉으로 여행을 다녀와서 보고 듣고 느낀 것을 쓴 기행문입니다.

2 이 글에는 시간의 흐름과 장소의 변화에 따라 글쓴이가 찾아간 곳과 그곳에서 한 일 등이 나타나 있으므로 순서 짜임으로 쓴 글입니다.

3 글쓴이는 강릉에 도착하자마자 경포대에 갔고, 경포대를 나와 초당 두부 마을로 갔으며, 마지막으로 오죽헌에 갔습니다.

4 ④는 글쓴이가 오죽헌에서 본 '율곡매'에 대하여 쓴 문장입니다.

5 '유래'는 '사물이나 일이 생겨남. 또는 그 사물이나 일이 생겨난 바.'를 뜻하는 말입니다.

6 오죽헌은 신사임당과 율곡 이이가 살던 곳으로 그곳을 둘러보며 신사임당과 율곡 이이에 대해 더 자세히 알 수 있었을 것입니다. 강릉에는 경포 해수욕장 외에도 경포호, 오죽헌 등의 관광 명소가 있으므로 ㉮와 같이 말할 수 없습니다. 그리고 강릉에는 초당 두부라는 향토 음식이 있으므로 ㉯와 같이 말할 수 없습니다.

7 강릉을 알리는 관광포스터에는 강릉의 향토 음식이나 경포 해수욕장, 경포호, 경포대와 같은 관광 명소를 나타낸 내용이 들어갈 수 있습니다. 율곡 이이의 업적이나 신사임당을 비롯한 조선 시대의 대표 화가는 관광포스터에 들어가기에 알맞지 않습니다.

어휘 정리

1 (1) **아담하다**: 적당히 자그마하다.
(2) **추정되다**: 미루어 생각되어 판정되다.
(3) **단정하다**: 옷차림새나 몸가짐 등이 얌전하고 바르다.

2 • **숨이 트이다**: 답답하던 것이 해소되다.
• **숨이 막히다**: 숨을 쉴 수 없을 정도로 답답함을 느끼다. 또는 어떤 상황이 심한 긴장감이나 압박감을 주다.

1 ②   2 ②   3 ㉢   4 ①   5 (2) ○   6 민재
7 (2) ○   (3) ○

내용 정리   ❶ 고원   ❷ 사막   ❸ 되새김질

어휘 정리   1 (1) 험하다   (2) 발달한다   (3) 운반한다
2 귀가 번쩍 뜨였다

1 이 글은 라마와 낙타의 공통점과 차이점을 설명하는 글입니다.

2 ❷문단은 라마와 낙타의 차이점을 중심으로 썼으므로 대조 짜임이고, ❸문단은 라마와 낙타의 공통점을 중심으로 썼으므로 비교 짜임입니다.

3 '만약'이 들어가려면 뒤에 이어지는 내용에 '~다면'과 같은 내용이 있어야 합니다. 따라서 '라마의 등에 혹이 있었다면'이 이어져 있는 ㉢에 '만약'이 들어가는 것이 알맞습니다.

4 ㉣과 ①은 '사물이나 현상을 이루는 근본을 비유적으로 이르는 말.'로 쓰였습니다. ②~⑤는 '식물의 밑동.'이라는 뜻으로 쓰였습니다.

5 라마는 고원 지대에서 살며, 사람을 태우는 교통수단이나 운송 수단 역할을 한다고 하였습니다. 이를 바탕으로 고원 지대 사람들은 라마를 타고 먼 거리를 다녔을 것이라고 추론할 수 있습니다.

6 ❶문단에 '동물학자들의 수많은 연구 끝에 라마가 낙타의 한 종류라는 사실이 밝혀졌다.'는 문장이 나와 있습니다. 이런 연구 결과를 글에 제시할 때는 출처를 밝혀야 신뢰성을 높일 수 있습니다. 문단의 순서와 신뢰성은 상관이 없으며, ❹문단에 라마를 보고 겁먹어서 피했던 사람과의 면담 내용이 추가될 필요는 없습니다.

7 이 글을 바탕으로 발표할 때는 '라마'와 '낙타'의 이미지가 필요합니다. (1) '농사를 돕는 소'는 발표 자료로 필요하지 않습니다.

어휘 정리

1 (2) **발달하다**: 신체, 정서, 지능 따위가 성장하거나 성숙하다.
(3) **운반하다**: 물건 따위를 옮겨 나르다.

2 • **귀가 번쩍 뜨이다**: 들리는 말에 선뜻 마음이 끌리다.
• **귀가 얇다**: 남의 말을 쉽게 받아들이다.

1 산업 혁명 2 순서 짜임 3 ② 4 ① 5 (2) ○
6 **5** 7 ②

내용 정리 ❶ 변화 ❷ 증기 기관 ❸ 컴퓨터
어휘 정리 1 (1) 생산 (2) 자동화 (3) 가상 2 (2) ○

1 이 글은 '산업 혁명'이 어떻게 발전되어 왔으며 우리의 삶을 어떻게 바꾸었는지 설명하고 있습니다.

2 이 글은 제1차 산업 혁명에서 제4차 산업 혁명까지 시간 순서에 따라 설명하고 있으므로, 순서 짜임에 해당합니다.

3 '러다이트 운동'은 제1차 산업 혁명이 시작된 영국에서 기계 때문에 일자리를 잃은 노동자들이 기계를 부수는 운동을 말합니다.

4 세계가 하나로 연결되어 있다는 것을 거미줄에 빗대어 표현한 문장입니다. 따라서 '거미줄처럼'과 호응 관계를 이루는 '마치'를 써야 합니다.

5 ㉢은 산업 혁명에 대한 글쓴이의 의견이 나타나 있는 부분입니다.

6 인공 지능 로봇이 인간이 할 일을 대신하고 다양한 서비스를 제공하는 모습은 제4차 산업 혁명 시대에 일어나는 일이므로, **5**문단과 관계있습니다.

7 주어진 자료에서는 65%의 사람들이 50년 내에 로봇이 인간의 일자리를 대체할 것이라고 생각하였으므로, ①과 ⑤는 알맞지 않습니다. 또한, 로봇이 대신할 일자리로 제조업 공장 근무자, 물류 창고 노동자, 주차장 관리인이 높은 응답률을 보였습니다. 따라서 단순 반복되는 일은 사람 대신 로봇이 하게 될 것이라는 것을 짐작할 수 있습니다. 그리고 사람들은 제조업 공장에서 일하는 직업을 선호하지 않게 될 것이고, 물류 창고나 주차장에서 일하는 로봇이 많이 생산될 것입니다.

어휘 정리

1 (2) **자동화**: 다른 힘을 빌리지 아니하고 스스로 움직이거나 작용하게 됨. 또는 그렇게 되게 함.

2 • **바람을 잡다**: 허황된 짓을 꾀하거나 그것을 부추기다.
  • **바람을 일으키다**: 사회적으로 많은 사람에게 영향을 미치다.

DAY

116~119쪽

비법 1 **예시** ㉮
        연습 1 ㉢ 2 ⑤
비법 2 **예시** ①
        연습 1 (3) ○ 2 ②, ④

비법 1

예시 현대 사회에서 진정한 노블레스 오블리주를 실천하는 사람이 많아지기를 바라는 글쓴이의 관점이 나타나 있습니다.

연습 2 임진왜란이 끝나고 조선의 백성은 힘겨운 삶을 이어가야 했습니다. 따라서 승리했지만 큰 상처를 남긴 전쟁이라고 생각할 수 있습니다.

비법 2

예시 남극을 개발하는 과정에서 석유 유출 사고의 위험성이 매우 높다고 하였으므로, ①을 추론할 수 있습니다.

연습 1 손님을 보낼 때에도 마루 아래까지 내려가지 않는 자들은 사람들이 따르지 않는다고 한 것을 반대로 생각하면 (3)과 같이 추론할 수 있습니다.

DAY

120~123쪽

비법 3 **예시** ㉴
        연습 1 ④ 2 (3) ○
비법 4 **예시** ④
        연습 1 ㉮ 2 ④

비법 3

예시 ㉴는 '아르바이트를 하면 학업에 지장이 있다.'와 반대되는 근거를 제시하며 글쓴이의 관점을 비판한 것입니다.

연습 2 글쓴이는 1시간 불 끄기 운동에 더 많은 사람이 참여하면 환경 문제를 해결할 수 있다고 생각합니다.

비법 4

예시 글쓴이는 장애인이라도 비장애인과 똑같은 마음으로 바라보아야 한다고 생각합니다.

연습 1 다른 사람에게 피해를 주지 않고 자신에게 긍정적인 영향을 주는 방법으로 스트레스를 해소한 것은 ㉮입니다.

1 (1) **1** (2) **2**, **3**, **4** (3) **5** 2 ㉮ 3 ①, ③, ④
4 (1) ○ (2) ○ (3) × (4) × 5 ④ 6 정민
7 (1) ○

내용 정리 ❶ 채식 ❷ 건강 ❸ 가축
어휘 정리 1 (1) 파괴 (2) 예방 (3) 투정 2 입에 대다

2 글쓴이는 채식을 해야 한다고 주장하고 있으므로, 채식에 대해 긍정적인 관점으로 글을 썼습니다.

3 ①은 **2**문단에 나타나 있고, ③은 **4**문단에 나타나 있으며, ④는 **3**문단에 나타나 있습니다.

4 공장식 사육장은 가축이 움직일 수 없을 만큼 좁은 공간이라고 하였고, 고기를 많이 먹는 사람보다 적게 먹는 사람이 더 오래 산다는 연구 결과가 있다고 하였습니다.

5 채식주의자들이 육식주의자들과 식생활에 대한 태도가 다르지만 서로 대화하는 것을 싫어한다고 추론할 만한 내용은 이 글에서 찾을 수 없습니다.

6 정민이가 채식에도 부정적인 면이 있다는 근거를 들어 글쓴이의 관점을 알맞게 비판하였습니다. 상우는 근거로 든 내용과 채식을 하는 것이 바람직하다는 주장이 서로 어울리지 않습니다. 글쓴이는 환경 보호만을 위해 채식을 하자고 주장한 것은 아니므로 해수가 말한 근거도 알맞지 않습니다.

7 글쓴이는 결론 부분에서 당장 채식주의자가 될 수 없다면, 서서히 육식을 줄이고 채식 위주의 식단으로 바꾸어 보자고 하였습니다. 따라서 철저하게 채식만 하지 않더라도 육식을 줄이고 채식 위주로 식사를 하는 것을 채식주의자라고 생각할 것입니다. 글쓴이는 자신의 건강을 위해서 채식을 해야 한다고 생각하므로 (2)는 알맞지 않습니다.

어휘 정리

1 (2) **예방**: 질병이나 재해 따위가 일어나기 전에 미리 대처하여 막는 일.
　(3) **투정**: 무엇이 모자라거나 못마땅하여 떼를 쓰며 조르는 일.

2 • **입에 대다**: 음식을 먹거나 마시다.
　• **입 밖에 내다**: 어떤 생각이나 사실을 말로 드러내다.

1 ④ 2 (2) × 3 ② 4 ㉮ 5 (3) ○ 6 ㉮
7 ⑤

내용 정리 ❶ 실패 ❷ 결과 ❸ 원인
어휘 정리 1 (1) 경쟁 (2) 강요 (3) 극복
　　　　　 2 손을 놓으셨다

1 글쓴이는 실패를 두려워할 대상이 아니라 많은 것을 얻을 수 있는 기회로 여기려는 관점을 가지고 있습니다. 그러므로 이러한 관점이 잘 드러나려면 「실패를 두려워하지 말자」라는 제목이 알맞습니다.

2 성공하는 것보다 실패하는 것이 더 어렵다는 내용은 이 글에 나와 있지 않습니다.

3 **4**문단에 실패를 이겨 낼 수 있는 방법이 나타나 있는데, 실패를 이겨 내기 위해 실패를 잘못이라고 여기는 생각도 버려야 한다고 하였습니다.

4 '성공'은 '목적하는 바를 이룸.'이라는 뜻이고, '실패'는 '일을 잘못하여 뜻한 대로 되지 아니하거나 그르침.'이라는 뜻입니다. 따라서 '성공'과 '실패'는 뜻이 서로 반대되는 말입니다.

5 김연아 선수와 스티브 잡스의 예를 통하여 사회적으로 성공한 사람도 실패한 경험을 가질 수 있다는 것을 추론할 수 있습니다.

6 ㉮는 실패는 성공하는 데에 도움이 되지 않는다며 부정적으로 바라봅니다. 하지만 ㉯는 실패를 통해 진정한 성공을 이룰 수 있다며 긍정적으로 바라봅니다. 글쓴이는 실패의 부정적인 측면보다 긍정적인 측면을 강조하므로 따라서 글쓴이와 관점이 다른 것은 ㉮입니다.

7 글쓴이는 실패는 성공을 하는 데 밑거름이 되어 주는 경험이라고 했습니다. 따라서 실패한 뒤 크게 실망하여 다시 도전하기를 포기한 정우에게 실망하지 말고 다시 도전해 보라고 말할 것입니다.

어휘 정리

2 • **발을 끊다**: 오가지 않거나 관계를 끊다.
　• **손을 놓다**: 하던 일을 그만두거나 잠시 멈추다.

1 ㉮ 2 문제 상황 3 ② 4 (1) × 5 ⑤ 6 ㉮
7 (1) ○

내용 정리 ❶ 건강권 ❷ 아침 ❸ 장소

어휘 정리 1 (1) 갖춘 (2) 부족해서 (3) 배치되었다
2 (2) ○

1 이 글은 청소년의 건강권이 보장되지 않는다는 문제 상
  황을 제시한 뒤에 그것을 해결할 수 있는 방법으로 '건강
  지키기' 시간을 만들 것을 제안하고 있습니다.

3 글쓴이는 '건강 지키기' 시간을 통해 청소년의 건강권을
  보장해 주어야 한다고 생각합니다.

4 (1)은 해결 방법으로 제시하지 않았습니다. (2)는 두 번째
  문단, (3)은 세 번째 문단, (4)는 네 번째 문단에서 제시한
  해결 방법입니다.

5 우리나라 청소년의 평균 수면 시간이 경제 협력 개발 기
  구(OECD)에 속한 나라들의 평균 수면 시간보다 1시간
  이상 부족한 것으로 나타났다고 하였습니다. 이로써 우
  리나라 청소년들은 다른 나라 청소년들에 비해 수면 시
  간을 보장받지 못하고 있다는 것을 추론할 수 있습니다.

6 글쓴이는 청소년의 건강권을 학교에서 지키기 위한 방법
  을 제안하고 있습니다. 따라서 ㉮는 글쓴이의 관점이 타
  당하다는 근거를 알맞게 제시하지 못했습니다.

7 이 글의 글쓴이와 셧다운제에 찬성하는 사람들은 모두
  청소년의 수면 시간을 보장해 주려고 하므로, 청소년의
  건강을 중요하게 생각합니다. (2)는 글쓴이에게만 해당
  하는 내용이고, (3)은 셧다운제에 찬성하는 사람들에게만
  해당하는 내용입니다.

어휘 정리

1 (3) **배치되다**: 사람이나 물자 따위가 일정한 자리에 알맞
    게 나뉘어 놓이다.

2 (1) **척하면 삼천리**: 상대편의 의도나 돌아가는 상황을 재
    빠르게 알아차림을 비유적으로 이르는 말.
  (2) **두말할 나위가 없다**: 너무나 자명하여 군말을 더 보탤
    여지가 없다.

1 안락사 2 ① 3 ④ 4 (3) × 5 ⑤ 6 정우
7 (1) ○

내용 정리 ❶ 안락사 ❷ 살인 ❸ 경시하는

어휘 정리 1 (1) 도리 (2) 감당 (3) 허용 2 허리가 휠

1 글쓴이는 안락사를 허용하면 안 된다는 주장을 내세우며
  안락사의 뜻과 부정적인 면에 대해 알려 주고 있습니다.

2 ㉠은 안락사에 대한 설명일 뿐, 글쓴이의 관점이 드러나
  있지는 않습니다. ㉡~㉤에는 안락사에 대한 부정적인 관
  점이 드러나 있습니다.

3 이 글은 '안락사'라는 한 가지 주제에 대한 글쓴이의 생각
  을 나타내고 있으므로, 비교와 대조 짜임이 사용되지 않
  았습니다.

4 (3)은 근거를 뒷받침하기 위해 내세운 사실이 아닙니다.
  (1)은 ❹ 문단, (2)와 (4)는 ❷ 문단에서 근거를 뒷받침하
  기 위해 내세운 사실입니다.

5 ❸ 문단에서 환자가 경제적 어려움 때문에 어쩔 수 없이
  생명을 포기하는 경우를 비참한 죽음으로 여기고 있다는
  것을 알 수 있습니다.

6 고통 속에 사는 것이 힘들어서 안락사를 원하는 환자도
  있을 수 있다는 근거를 들어 안락사를 무조건 반대해서
  는 안 될 것 같다고 판단한 정우의 생각이 글쓴이의 관점
  을 비판한 내용으로 적절합니다.

7 글쓴이는 안락사를 반대하는 입장입니다. 따라서 아버지
  가 치료비 때문에 딸의 산소 호흡기를 떼어 내 숨지게 했
  다는 뉴스를 보았다면 아무리 자식이라도 아버지가 마음
  대로 딸을 안락사 시켜서는 안 된다고 생각할 것입니다.

어휘 정리

1 (2) **감당**: 일 따위를 맡아서 능히 해냄.
  (3) **허용**: 허락하여 너그럽게 받아들임.

2 • **허리가 휘다**: 감당하기 어려운 일을 하느라 힘이 부친다.
  • **무릎을 치다**: 갑자기 어떤 놀라운 사실을 알게 되었거
    나 희미한 기억이 되살아날 때, 또는 몹시 기쁠 때 무릎
    을 탁 치다.

1 성형 수술   2 ④   3 재원   4 ⑤   5 **2**   6 ⑤

7 (3) ○

내용 정리 ❶ 미용   ❷ 내면   ❸ 부작용

어휘 정리 1 (1) 중독   (2) 선택   (3) 가치관

2 (1) 얼굴이 두꺼운지   (2) 입이 닳도록

1 이 글은 미용을 위한 청소년의 성형 수술에 반대하는 주장이 담긴 글입니다.

2 **4**문단의 중요한 내용은 성형 수술을 한 번 시작하면 또 다른 성형 수술을 하게 될 가능성이 높다는 것으로 청소년 중에서 성형 중독에 걸린 사람이 늘어났다는 내용은 확인할 수 없습니다.

3 도훈이와 윤슬이는 미용을 위한 성형 수술이지만 재원이는 사고나 질병으로 생긴 흉터를 없애기 위한 성형 수술입니다.

4 '부작용'은 '어떤 일에 부수적으로 일어나는 바람직하지 못한 일.'을 뜻하는 말입니다. 이와 바꾸어 쓸 수 있는 말은 '어떤 일을 치르고 난 뒤에 생긴 부작용.'을 뜻하는 '후유증'입니다.

5 제시된 내용은 내면의 아름다움보다 외적인 아름다움을 더 중요하게 생각하면서 생긴 문제점이므로, **2**문단에 들어가야 합니다.

6 'SNS가 발달하고 외모를 중요하게 생각하는 사람들이 많아지면서 아름다움을 위해 성형 수술을 하는 사람도 많아졌다. 그런데 요즘은 성인뿐만 아니라 청소년도 성형 수술을 하는 일이 많다.'를 단서로 하여 ⑤의 내용을 추론할 수 있습니다.

7 이 글과 제시된 상황에는 아름다운 외모를 가지려고 무리하다가 생긴 문제점이 나타나 있습니다. 따라서 (3)과 같은 주장을 할 수 있습니다.

어휘 정리

1 (2) **선택**: 여럿 가운데서 필요한 것을 골라 뽑음.
(3) **가치관**: 사람이 어떤 것의 가치에 대하여 가지는 태도나 판단의 기준.

2 (1) **얼굴이 두껍다**: 부끄러움을 모르고 염치가 없다.
(2) **입이 닳다**: 다른 사람이나 물건에 대하여 거듭해서 말하다.

---

1 ①   2 ㉮   3 ③   4 ④   5 ④   6 ㉴   7 (2) ○

내용 정리 ❶ 독립운동   ❷ 일본   ❸ 세계

어휘 정리 1 (1) 유감스러웠다   (2) 부르짖었다

(3) 누렸다   2 (1) ○

1 '일본 정부는 이것을 방해할 무슨 권리가 있습니까?', '조선의 독립운동은 세계의 대세요' 등의 내용을 통해 일본이 조선을 빼앗은 상황이라는 것을 알 수 있습니다.

2 조선의 독립운동이 세계의 대세이자 신의 뜻이라고 말하고 있으므로, 여운형은 조선은 반드시 독립하여 나라를 되찾을 것이라는 관점을 가지고 있습니다.

3 구주전란(제1차 세계 대전)이 일어났을 때 조선은 독립 국가로 대전에 참가하지 못하고 동양 한 모퉁이에 쭈그리고 앉아 우두커니 보고만 있었다고 하였습니다.

5 ㉫ '친선'은 '서로 간에 친밀하여 사이가 좋음.'이라는 뜻입니다.

6 여운형은 조선의 독립을 주장하고 있습니다. 따라서 이러한 관점에 동의한다면 독립을 해야 하는 타당한 근거를 들어야 하고, 동의하지 않는다면 독립을 하면 안 되는 타당한 근거를 들어야 합니다. 따라서 독립을 해야 하는 근거를 들어 관점이 타당하다고 판단한 ㉴가 알맞습니다.

7 여운형은 동양인끼리 싸우지 않고도 자유와 평화를 얻을 수 있다고 생각합니다. 제시된 글의 김구도 내가 남의 침략에 가슴이 아팠으니, 내 나라가 남을 침략하는 것을 원치 않는다고 하였습니다. 이로 보아 (2)가 공통적인 생각입니다.

어휘 정리

1 (1) **유감스럽다**: 마음에 차지 아니하여 섭섭하거나 불만스러운 느낌이 남아 있는 듯하다.
(2) **부르짖다**: 어떤 주장이나 의견 따위를 열렬히 말하다.

2 (1) **어깨가 무겁다**: 무거운 책임을 져서 마음에 부담이 크다.
(2) **어깨가 처지다**: 낙심하여 풀이 죽고 기가 꺾이다.

38~39쪽

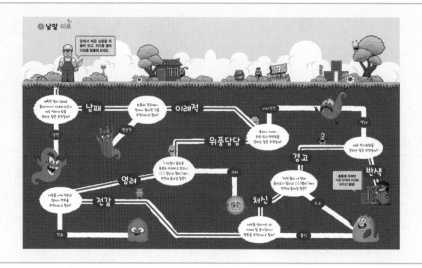

58~59쪽

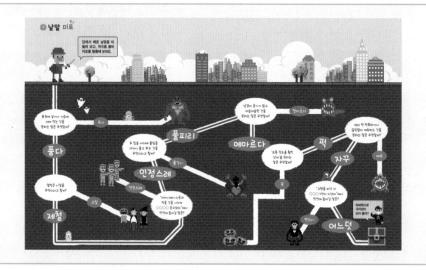

86~87쪽

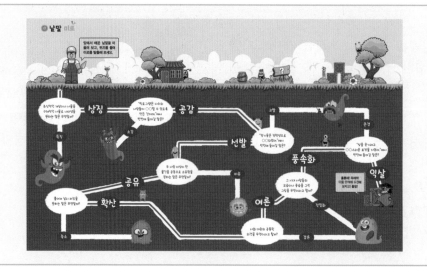

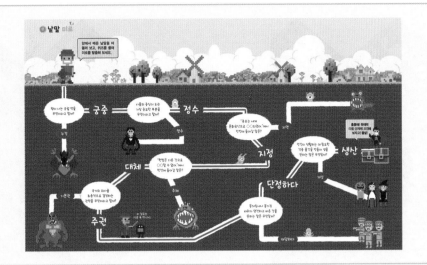

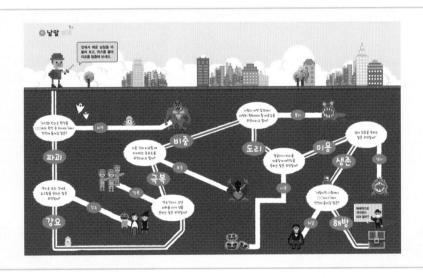

40쪽

60쪽

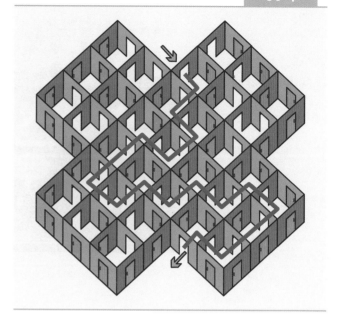

114쪽

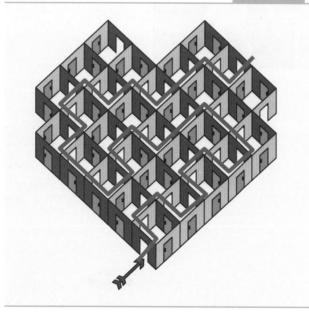

150쪽

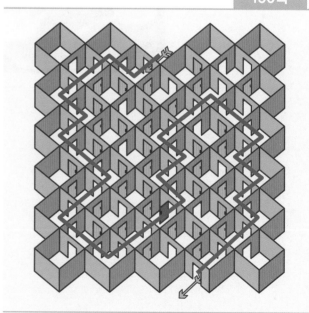

기적의 학습서
오늘도 한 뼘 자랐습니다.

기적의 공부방에서 함께 공부해요!

길벗스쿨 공식 카페 〈기적의 공부방〉
http://cafe.naver.com/gilbutschool

★지금 가입하면 누릴 수 있는 3가지!

1 꾸준한 학습이
가능해요!

- 스케줄 관리를 통해 책 한 권을 끝낼 수 있는 **학습단**에 참여해 보세요!
- 도서 관련 **학습 자료**와 **선배 엄마들의 노하우**를 확인할 수 있어요!
- 궁금한 것이 있다면 **Q&A 서비스**를 통해 카페지기와 선배 엄마들의 답변을 들을 수 있어요!

2 책 기획 과정에
참여해요!

- **독자기획단**을 통해 전문 편집자와 함께 아이템 선정부터 책의 목차, 책의 구성 등을 함께 만들어가요!
- 출간 전 도서를 체험해 보는 **베타테스트**를 통해 도서의 장 / 단점을 파악하여 더 나은 도서를 만드는 데 기여해요!

3 재미와 선물이
팡팡 터져요!

- 매일 새로운 주제로 엄마들과 **댓글 이야기**를 나누고 간식도 받아요!
- 매주 카페 **활동왕**을 선정하여 푸짐한 상품을 드려요!
- 사진 콘테스트 등 매번 색다른 **친목 이벤트**로 재미와 선물을 동시에 잡아요!

기적의 공부방은 엄마표 학습을 응원합니다!